“抵御外侮——中华英豪传奇”丛书

丛书主编　张海鹏

中华雄鹰

高志航

高晓星　李彦贞◎著

南京出版传媒集团
南京出版社

图书在版编目(CIP)数据

中华雄鹰高志航/高晓星、李彦贞著. —南京:南京出版社,2016.8

(抵御外侮:中华英豪传奇)

ISBN 978-7-5533-1176-0

Ⅰ. ①中… Ⅱ. ①高… Ⅲ. ①高志航(1907～1937)—传记 Ⅳ. ①K825.2

中国版本图书馆 CIP 数据核字(2015)第 302555 号

书　　名	中华雄鹰高志航
作　　者	高晓星　李彦贞
出版发行	南京出版传媒集团 南 京 出 版 社
社　　址	南京市玄武区太平门街 53 号
邮　　编	210016
联系电话	025-83283873、83283864(营销)　025-83112257(编务)
策划统筹	卢海鸣　潘　珂
责任编辑	严行健
装帧设计	王　俊　石　慧
责任印制	杨福彬
排　　版	南京新洲印刷有限公司
印　　刷	江苏凤凰通达印刷有限公司
开　　本	787 毫米×1092 毫米　1/32
印　　张	4.875
字　　数	79 千字
版　　次	2016 年 8 月第 1 版
印　　次	2025 年 8 月第 6 次印刷
书　　号	ISBN 978-7-5533-1176-0
定　　价	22.00 元

上架建议:教育·历史

编委会

总 序

在中华民族的历史上，沿海倭寇的肆意袭扰，西方列强的坚船利炮，侵华日军的烽火狼烟，一次又一次将中华民族推向生死存亡的边缘，给中华民族带来了深重的灾难与难以磨灭的痛苦记忆。中国从一个封建国家演变为一个半殖民地半封建国家。国运危亡，威胁着每一个中国人。

天下兴亡，匹夫有责。抵御外侮，救亡图存，成为面临外敌入侵、民族危亡时中国人思考的第一课题。也正是在这样的危难时刻，中华民族产生出一个又一个舍生取义、矢志报国的英雄豪杰，他们一回又一回地挽狂澜于既倒，扶大厦于将倾。他们的丰功伟绩，不只是单纯地拯救了某个王朝，某个皇帝，而是拯救了整个中华民族的血脉与希望；正像我们的国歌所唱的那样：把我们的血肉铸成新的长城，他们的奋斗和牺牲，把中国的历史命运一次一次推向一个进步的新阶段；他们的高风亮节，不只是中华儿女景仰、学习的榜样，也是人类不屈不挠、英勇抗暴精神的象征。抗敌御侮的英雄事迹，构成了中华优秀传统的新的篇章。

中华民族没有在外敌面前屈服、倒下，而是在一次一次斗争后走向新生，走向进步。作为唯一延续至今未曾中断过的中华文明不断在成长，中华民族依旧傲然挺立于世界民族之林，中华民族的文化传统，不仅没有消逝在历史长河之中，反而发扬光大，成为造就中国特色社会主义的基本历史因素。

为了歌颂中华英豪的爱国精神，为了纪念中国人民抵御外侮的伟大事迹，为了弘扬优秀的传统文化，南京出版传媒集团·南京出版社推出“抵御外侮——中华英豪传奇”丛书。

这套丛书是面向青少年的普及性读物，聘请各有所长的学者撰写，力图用生动活泼的语言，引人入胜的故事，准确的历史事实，努力展现明清以来各个时期抵御外侮的英雄豪杰的事迹，描绘每一位英豪的成长历程和闪光人生，再现了他们人生的不朽光辉。丛书通过这些在抵御外侮中发挥重大作用的英雄人物，向广大青少年表达了中华民族热爱和平、热爱祖国的家国情怀。

如今，我们正走在中华民族复兴的伟大征程之上，国家发展前程似锦，国际地位日益提高，全世界的目光都在转向中国，可以说，今天的中国距离中华民族复兴的伟大梦想，比以往任何时候都更为接近了。越是在这种时候，我们越是要记住为实现中华民族伟大梦想而奋斗、而牺牲的先烈；在我们昂首阔步走向未来新征程的路上，我们更应该居安思危、以史为鉴。历史已经证明：每一段抵御外侮的历史，都是一段维护正义的历史；每一场抵御外侮的斗争，都是一场维护和平的斗争；每一次抵御外侮的奋斗，都是一次为了实现人民美好生活的奋斗，正义终将胜利，和平终将胜利，人民终将胜利。

“抵御外侮——中华英豪传奇”丛书在传播正能量、弘扬爱国主义情怀的同时，提醒我们，在和平时期，抵御外侮的精神同样不可或缺，抵御外侮的英豪也同样不应遗忘，我们今时今日所有的成就与繁荣，离了这种精神、这些英豪，都是万万不可想象的。

“抵御外侮——中华英豪传奇”丛书，不只是为了缅怀先烈，更是为了激励后人；不只是为了铭记历史，更是为了展望未来。

为青少年编写历史小丛书，是一项崇高的事业。20世纪50—60年代，吴晗主编了《中国历史小丛书》《世界历史小丛书》，对当时的青少年起到了历史教育的奠基作用，事实证明是成功的出版经验。我期待南京出版社继续努力，把这个崇高的事业承担起来，拓展开来。为这个崇高的事业投入人力、物力和财力，是会得到善报的，这个善报，不在多少金钱，而在一代一代具有丰富历史知识的青少年的成长，他们将成为国家的栋梁。

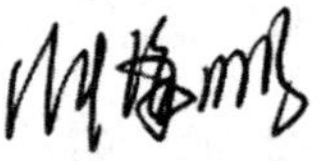

（中国社会科学院学部委员、中国史学会原会长）

目 录

引　言

2015 年大年初一，天气格外晴朗，蓝天白云在炫目的阳光下显得那么安宁、静谧。早饭后，我来到已经来过多次的南京抗日航空烈士纪念馆，追忆抗日航空烈士的英灵。

南京抗日航空烈士纪念馆坐落在紫金山北麓。这儿原本是 1932 年国民政府为纪念淞沪空战中牺牲的空军烈士而建的公墓，之后陆续安葬了 170 余名在中国抗日战争期间牺牲的中国空军和援华的苏联、美国、韩国航空烈士。1995 年，南京市政府在公墓上方建造了抗日航空烈士纪念碑，在主碑后边的英名碑上镌刻了 3304 名中外航空烈士的英名（今年还将补刻 990 名）。2009 年，江苏省、南京市政府又在公墓的南面建立了抗日航空烈士纪念馆。

公墓的入口有一个高大肃穆的牌坊，牌坊上方白底蓝字写着“航空烈士公墓”，两面石柱上刻有一副荡气回肠的挽联：捍国骋长空伟绩光照青史册；凯旋埋烈骨丰碑美媲黄花岗。牌坊的背面也是一副赞颂烈士忠贞正气的挽联：英名万古传飞将，正气千秋壮国魂。横联是：精忠报国。烈士公墓中一块块青灰色的大理石墓碑掩埋在褐色的土地中，碧绿的小草簇拥呵护着它们。我静静地走在墓道中，看到两个墓碑前分别放着一束鲜花，上面还洒着几滴水珠，显然是先我而来的人奉献的。看来，人同此心，心同此理：愈是在快乐幸福的时候愈是怀念着那些为我们创造这一切的先人们。

南京航空烈士公墓

在公墓的下面，是建筑面积达 2200 多平方米的纪念馆。由“奋勇抗战”“国际援华”“凌云壮志”“缅怀先烈”4

南京抗日航空烈士纪念馆馆区内正义之神塑像

个室内展厅及陈列雕塑、战机模型的两个室外展区组成，通过文字、图片、文物、多媒体、场景再现等多种手段，全面展示了中、美、苏等国空中勇士共同抗击侵华日军航空队的英雄事迹，是南京一处新的爱国主义和国际主义教育基地，也是2014年9月国家公布的第一批80个抗战遗址纪念设施之一。纪念馆前是一座巨大的“正义之神”雕塑，象征着中、苏、美三国航空将士团结一心联合抗击日本侵略者是一场正义之战。我漫步在室外展区，在中国空军英雄雕像面前伫立。这里虽然只塑了3座中国空军英雄的雕像，但在我的脑海里，却涌现出了无数个年轻的英雄:有被誉为“红武士”的刘粹刚,有被誉为“江南大地的钢盔”的乐以琴,有为保卫武汉壮烈牺牲的李桂丹,有被日本人礼葬的阎海文,有驾机猛撞敌机的陈怀民……他们牺牲时的平均年龄只有 23 岁啊! 最后,我驻足在被誉为中国空军“战神”的高志航的雕像前,脑海里又浮现出一个少年立志,翱翔蓝天,矢志不渝,尽忠报国的英雄形象。是的,如果说,抗日航空烈士纪念馆展示的是国际反法西斯战士英勇奋战打败日本侵略者,让中国人扬眉吐气的英雄事迹,那么,高志航无疑是抗日空战中英勇搏击强敌,开创首次击落敌机纪录,战绩辉煌,大长中国人士气的中华抗日第一鹰。他壮烈牺牲时只有 30 岁,但他用短暂的生命在人们心目中发出了耀眼的光辉,使我们千秋万代永难忘怀。

让我们回眸高志航那炫丽的生命历程,看看他是如何成为一个令人崇敬的抗日航空英雄的吧!

第一章　少年立志

1907年5月14日，高志航出生在辽宁省通化县（现属吉林省）三棵榆树村一个富裕农民家庭。父亲高焕章虽然以农耕为生，但他生性慷慨大气，热心公益，乐于助人，在乡邻中颇有威望。母亲李春英温和婉约，勤俭持家。一家人衣食无忧，热闹欢快，其乐融融。特别是夫妇

高志航及家人（后排中立者为高志航）

二人生育了 6 子 2 女，使得高家人丁兴旺、家业昌盛，乡亲们更加高看他们一眼。

高志航有一个姐姐。他出生后，父母见是个男孩，非常高兴，他们希望多子多孙，生九个儿子，就为他取名“铭

高志航故居

九”。以后，母亲果然两年一个接连生了五个男孩和一个女孩，父母觉得铭九是家里的福星，给他们带来了这么多的男丁，对他格外钟爱。他虽然排行老二，但在男孩子中他是老大，弟弟们把他当作“领袖”，对他言听计从。他在父慈母爱、和谐幸福的家庭里，在农村广阔的田野里茁壮成长，身体结实而有力。

这样的环境也铸就了他自信、要强、不服输和崇尚正义，疾恶如仇的性格。从 6 岁开始，他就带领弟弟们和村里小伙伴玩官兵捉强盗的游戏，他总是扮演官兵头头的角色。时间长了，扮演强盗的小伙伴不高兴了，提出互换。高铭九不同意，说：“我只当军官，不当强盗！”后来他们试图用抽麦秆比长短、比赛摔跤等方法让高铭九服输让出军官角色，高铭九都不服输，坚持当军官。小伙伴土愣子气愤地说：“你真像个日本人，蛮不讲理！”话音没落，高铭九的拳头就打到了土愣子的胸前。

原来，高铭九特别痛恨日本人。1904 年至 1905 年的日俄战争，使东北人民“陷于枪林弹雨之中，死于炮火雷阵之中者数万生灵，血飞肉溅，产破家倾，父子兄弟哭于途，夫妇亲朋呼于路，痛心疾首，惨不忍闻”。而且日本侵略军此后恣意向东北渗透，妄图霸占我整个东北。看到日本鬼子在中国土地上耀武扬威的样子，高铭九恨得咬牙切齿。小伙伴说他像日本人他怎么受得了？两个人就这样厮打开来。开始是拳打脚踢，你来我往不分伯仲。突然，高铭九乘土楞子有点重心不稳的时候，使出浑身的力气扑向土愣子。尽管土愣子个子比较高，但抵不过高铭九不服输的劲头。高铭九一下子把土楞子扳倒在地，压在自己的身下。土楞子还想挣扎翻身，无奈手腕被高铭九反扣着，身体动弹不得，只好认输。以后，小伙伴们都信服了高铭九，每次游戏都让他当官兵头头。

小贴士

日俄战争：日俄战争是日本与沙皇俄国为了侵占中国东北和朝鲜，在中国东北的土地上进行的一场帝国主义的战争。战争从1904年2月8日开始，最终以沙皇俄国的失败而告终。俄国于1905年9月5日在朴次茅斯同日本签订和约，将从中国攫取的旅大租借地和安（东）—奉（天）铁路的经营权以及长春至旅顺的中东铁路支线的建筑权转给日本。日本还取得开放东三省十六处为商埠的权利。日俄战争中，中国东北人民遭受了巨大的损失和伤亡。

时光荏苒，转眼间高铭九 9 岁了，他觉得在乡下整天劳作和玩耍没有多大出息，要真正当军官必须去读书，要有学问。一天，他跟父母讲了自己的想法，立即得到了父母的支持。其实高焕章和李春英早就在考虑这件事情。因为当时的时局很乱，中国处于军阀混战时期，东北地区在奉军张作霖的统治下，治安情况很差，家境较好的小孩经常被绑票以勒索钱财。父母担心高铭九每天都上山砍柴或到田野里干活和玩耍，会有危险。更重要的是，高家世代为农，家里一个读书人都没有，他们也想让聪慧敦厚的高铭九光耀一下门庭。

于是，高焕章奔走于通化县城，四处托人，终于将高铭九送进了通化县立城厢小学堂读书。临走时，母亲千叮咛万嘱咐：“铭九啊，咱家世代务农，还没有一个读书人呢，你不要辜负爹娘的苦心，要用功啊！”高铭九认真地向娘保证：“娘，你放心，我会格外用功的！”

父亲带他到学堂报到那天，学堂里的国文老师说：“高铭九，这个名字是谁起的？有什么含义吗？”父亲说：“是我起的，当时就想让他再带九个弟弟来。”老师说：“那为什么要限定九个呢？我看让他改名高子恒吧！寓有子子孙孙、恒久绵延之意，更有持之以恒、坚韧不拔的寓意，怎么样？”父亲听了十分高兴，连说：“好！好！好！”之后，父亲又千恩万谢拜托老师好好调教自己的儿子，并把他安置在县城的亲戚家食宿。高子恒把父母的嘱托和老师的教导牢记心中，认真刻苦学习，五年后以优异的学业成绩毕业，并被老师推荐到沈阳中法中学继续学习。父母安排他住在沈阳的姨妈家。

沈阳中法中学是法国天主教会办的一所中学。在这所学校里，校长和主要教师都是法籍神甫，他们除传授现代科学知识外，还教学生学习法文和日文。其中，法文是必修课，一周 4 节，日文是选修课。法籍老师对学生要求都非常严格，不仅所有的功课都要好，而且法语要流利。高子恒在这里学习了三年，在 41 名学生中以第三名的成绩毕业。

中法学校的毕业典礼是在学校礼堂举行的。校长牟尔菲致辞后，进入奖励优秀学生仪程。当司仪念到高子恒的名字后，高子恒一个响亮的"有！"吸引了大家的目光。只见一个个子虽然不高，但腰板挺得很直，目光炯炯有神的青年大步流星地走上主席台，先向校长恭恭敬敬地鞠了一躬，听到司仪念到"高子恒，第三名，学行平均 86 分，荣获奖状一帧，纪念册一本"时，他从校长手中接过了奖状和纪念册，转身又向台下的人鞠了一躬，走下台去坐到自己的座位上。这时的高子恒已经成长为一个 17 岁的小伙子，他开始考虑自己和国家的未来了。

毕业典礼结束后，大部分同学都被家长接走了，只有高子恒和同学金永新的家长没有来，他奇怪地问：“我因家在通化乡下不方便，父母才没有来，你父母在沈阳，怎么也没有来啊？”

金永新答道：“你不知道我父母有多么忙，日本的花布、花伞，花样繁多，既漂亮又便宜，买的人特别多。”

“那你们家要发财啰！”高子恒瞪着金永新，带着讽刺的口吻说：“做日本人的买卖，赚中国人的钱，这是当前最时髦的发财之道。”

金永新辩解道：“你别这样看我，你要分清楚，那是我爸妈，不是我。我爸妈把日本人看成衣食父母，我可不！”

高子恒忧心忡忡地说：“迟早，东北会被日本人吃掉的。”

“那有什么办法？人家强嘛！日本……”金永新的话还没讲完，就被高子恒愤怒的声音打断。只见他铁青着脸瞪着金永新，挥舞着手中的纪念册，激动地说：“怎么就没有办法？中国比日本人多，土地面积比日本大，文化历史比日本长，人的身材比日本高，为什么我们中国不能比日本强？”

“这些谁不知道？但我们就是打不过日本啊！”金永

新一边说，一边看看周围的人，发现路上不少人被高子恒慷慨激昂的言辞所吸引，即将聚拢过来，连忙拉着高子恒快走了几步，小声说："你不要在大街上发表反日演说，你不要命了？"

"你怕什么？""不是怕。"金永新说："光嚷嚷是没用的。"

"是的，光说没有用，我是下了决心的。"高子恒冷静下来说。"怎么，你要把上次看到的欺侮中国女学生的两个日本鬼子杀掉？"金永新奇怪地问。

高子恒哼了一声，说："杀他们事小，我是为我们中国没有强大的军力而生气！"他看看金永新又说："永新，我们中国的军事力量太差了，居然让日本鬼子的军队驻扎到我们的国土上来，真是岂有此理！"

"你是不是想去从军啊？"金永新恍然大悟，问道。

高子恒连连点头，坚定地说："对，我就是这样想的。你呢？"金永新从没考虑过这个问题，一时不知怎么回答是好。这时，在他们的前方又发生了一件事情，使得高子恒更加愤懑，更加痛恨日本人，更加对中国的局势担忧了。

在他们前面，有4个东洋人打扮的年轻人在殴打两个从乡下来的中国年轻人。围了几圈的中国人没有一个敢帮助两个中国人。眼见得他俩被打得鼻青脸肿,满脸血痕,而日本人扬长而去,周围的人才小声嘀咕起来。有的说:“哎,日本人惹不起的……”旁边的人接着说:“你就是打得过他,也得省省力气,不划算的……”也有的人同情这两个中国乡下人,说:“这两个人真可怜……”

高子恒和金永新挤到人堆里听到大家的议论,不用追问就知道怎么回事了。日本人在沈阳横行霸道,巧取豪夺,愚昧淳朴的中国人不知道吃了多少亏,受了多少苦,市里的人都敢怒不敢言,何况从乡下来的人呢!高子恒和金永新把他们扶起,搀他们坐在路旁,关切地问:“老乡,怎么回事?不碍事吧?”那两个人看看他们,摇摇头。正在这时,来了两个警察,凶巴巴地指着两个乡下人问道:“你们在大街上打架?”两个受伤的人撑起吓得发抖的身体想要赶紧走开。“别走!”两个警察一声吆喝,分别抓住他们的衣领,呵斥道:“说!为什么在大街上打架,破坏公共秩序?”两个乡下人赶紧辩解:“不是我们打架,是日本人打我们……”但那两个警察哪里听他们说话,不由分说要将他们带到派出所。

“等等!”高子恒忍不住了,伸开双臂拦住了他们,眼睛睁得老大,大吼一声:“你们错啦,他们不是互殴,是被日本人打成这样的!”“你们应该把那几个日本人抓到派出所问问，为什么在我们中国的土地上打中国人！”

警察没想到会有人跟他们顶嘴，愣了一下，问道：“小伙子，你看到了吗？”“当然看到了！路旁好多人看到了呢！”高子恒理直气壮地回答，同时举目环顾四周，表示人证俱在。谁知那些路人听他这样说纷纷低头转身走开了，只有金永新点点头支持他。

警察问：“日本人在哪里？”“往那里走了，你们赶快追啊！”“追个头！”警察大声吼着：“我们是那么好骗的？闪开！再胡搅蛮缠，妨碍公务，连你们一同带到派出所！”

高子恒气得脸红脖子粗，说不出话来：“你们……”这时，两个受伤的人说话了：“这两个学生说得是真的，我们没有互殴，是无缘无故被日本人打的。”但两个警察哪里听得进去，只听他们吼着：“少啰嗦，走！”便扭着两个乡下人走了，还不忘教训一下高子恒和金永新：“你们还是回学校念书吧，少在街上惹是生非！”

高子恒看拦不住他们，火冒三丈，大声地说：“岂有此理！打人的逍遥法外，被打的反倒被抓到派出所，天下哪有这样的事？”警察说：“他们互殴，当然要带走！你再嚷嚷，连你一起带走！”“走就走！”高子恒毫无惧色，大声跟旁边的路人说：“你们看看，这就是我们的警察，不敢去抓日本凶手，只会欺辱挨打的中国人！我就不相信，你们一点良心都没有!”

高子恒和金永新跟在警察后面向派出所走去。路上,两个被打的年轻人一再跟警察说明是日本人打人,不是互殴,可警察就是不相信。到了派出所,高子恒就大声为两个挨打的人叫冤,一个警官听到后,板着脸呵斥:“你们干什么?活得不耐烦了?”高子恒顺着他的话说:“是活得没意思,明明是挨打的反倒被抓来,你说有这样的道理吗?”他把自己见到的情况说给警官听后,又说:“中国人太可怜了,挨日本人打了后,还得挨中国警察修理,中国警察只会欺负中国人,不敢对付日本人,中国人还有活路吗?”警官见他们穿着学生装,又理直气壮、振振有词,回身走进派出所,放出了那两个受伤的人。

经过这件事后,高子恒更加坚定了从军的愿望。他从中法学校毕业那年,也就是 1924 年,中国正陷于帝国主义钩心斗角、肆意瓜分的危局,又处于军阀割据、相互倾轧混战的局面。东北地区在张作霖的军事控制下,形成独立的状态。为了寻找靠山,张作霖纵容日本人在东北的扩张,使得日本的军力和经济日益强大。高子恒在沈阳经常看到,一队队的日本大兵,穿着整齐的服装,扛着精良的枪支,耀武扬威地走在大街上。每到这时候,他总是咬牙切齿,热血沸腾,攥着拳头恨不得把他们一个个消灭掉。在学校读书时，他就不止一次和老师探讨这个问题："为什么外国军队能够驻扎在中国的土地上？"老师总是这样回答："中国不够强啊！如果中国经济发达，有精良的武器，有强大的军队，谁还敢欺负中国？"于是，他下定决心要从军报国，为建立坚强的中国军队贡献自己的力量。

高子恒四处探听可以从军的消息。功夫不负有心

小贴士

军阀割据：民国时期军阀割据形成的主要原因有两个，一是1911年辛亥革命爆发，清政府被推翻后，各地逐渐形成割据势力，并为争夺地盘不断进行战争。二是当时中国属于半封建半殖民地社会，各帝国主义国家在中国划分势力范围的争斗非常激烈，它们分别在中国扶植军阀作为自己的代理人，这就更加剧了中国各派军阀的割据纷争。1916年袁世凯死后，北洋军阀分裂出以冯国璋为首领的直系和以段祺瑞为首的皖系，后来又形成了张作霖为首的奉系，并先后掌握了北京政权。政局的动荡，军阀的割据混战，给广大人民带来无穷的灾难。

人，他终于打听到，在沈阳北关开办了一个“东北陆军军官教育班”，班主任由东北名将郭松龄担任。这个班设有步兵科、炮科、骑兵科，专收中等以上学校毕业的有志青年，训练为陆军的连级军官，毕业后再分配到陆军部队。郭松龄将军治军严格，训练有方，从训练班毕业出来的干部，后来表现得都很出色。高子恒听到这些消息后十分高兴。

这一天，高子恒冒着风雪来到北关大营，找到了“东北陆军军官教育班”，询问能不能投考这个学校。当得知他可以报考该班时，他喜滋滋地回到家中，准备先看看家人，同时好好温习一下应考的功课。

谁知等待他的却是一场热闹非凡的婚礼。父亲母亲已经做主让他迎娶邻村的姑娘邵文珍为妻！他是个孝顺的孩子，按照父母的要求和乡俗举行了婚礼，和邵文珍结成了夫妻。当然，他也没忘记认真复习功课，除在家看书外，他还经常到沈阳找些书来读。不久，他顺利地考取了“东北陆军军官教育班”。

开学的第一天，班主任郭松龄将军给大家训话，勉励新生要精忠报国，拯救国家。他说：“中国的将来是存是亡，全在于我们的年轻人是否能够为国家牺牲奋斗！”郭将军的话讲到了高子恒的心坎上，他下定决心，一定要好好学习，加强训练，尽快成为一名合格的军官。

果然如传说的那样，这个教育班的训练标准非常严格，各个基本动作要求比新兵还要苛刻。郭松龄将军常说："带兵靠本事，做官靠本领。"就是说，当军官带兵要有本事，要让士兵信服；要以身作则，要求士兵做到的，你必须做得到。他还具体要求：单杠、双杠、木马，必须样样都行，而且姿势标准，让士兵心服口服；手榴弹、实弹射击、劈刺等，更须高人一筹，让士兵佩服。这样你才能统帅士兵，令出而行！

他们每天 5 点起床集合，先跑步，再做操。白天听课或到野外拉练，晚上随时可能紧急集合，进行演练，几乎没有喘息的机会，有的人叫苦不迭。高子恒在班上是年纪最小的一个，个子也不高，而且被分到炮科队，每天要排炮、扛炮弹、推炮轮、瞄准，每个动作都要反复练习，真是苦累不堪。但他凭着坚强的意志，咬紧牙关，不叫苦，不喊累，最后无论在术科上还是在学科上都取得了好成绩，排在全班第五名。

在教育班里，高子恒还是个肯动脑的"智多星"，让大家对他刮目相看。

在北大营内，还驻有东北军第二十六旅，教育班的学员和第二十六旅的官兵经常进行篮球比赛，但教育班总是输球。高子恒因个子不高，不能上场，就在场外观战。他特别注意第二十六旅队员的特点和技巧，也观察教育班队员的打法和特点，并一一加以分析。每次球赛之后，他都能提出意见来。开始队员们还没把他放在眼里，可按照他的意见训练和比赛后，都能看到球队的进步。后来，球队队长杨相林干脆聘他为“战略顾问”，要求所有队员尊重顾问的指导，改变以前个人英雄主义，加强团体协作，利用时间加紧训练提升个人的基本素质和投篮技术以及场上战术。没过多久，教育班的篮球队就和第二十六旅的球队势均力敌。后来甚至倒过来，教育班球队常常在比赛中获胜了。

这时候的高子恒已经成长为善于思考，目标明确，意志坚定，不畏艰难，随时都可以为国献身的有志青年了。

第二章　志在蓝天

在陆军军官教育班第一期训练的过程中，发生了这样一件事，让郭松龄将军对高子恒产生了深刻的印象。

郭松龄对学员要求非常严格，不允许有学员掉队。但在高子恒所在的炮科，有一位同学陈光亚成绩不太好，受到教官严厉的批评，说他不认真学习，使得炮科的总成绩受到影响。陈光亚不服气，当时就和教官顶撞起来。高子恒看到后把他拉开，也对他的行为进行了批评。哪知陈光亚竟把对教官的火撒到高子恒的头上，他愤怒地说："你凭什么说我？你是什么玩意儿？少来惹我！"

高子恒看他在气头上，就笑着跟他说："你消消气，好好检讨一下自己。我们既然考进来了，就应该好好学习，国家正需要我们做好多事呢！你说是不是？"陈光亚哪里听得进去，火冒三丈地吼叫："什么国家不国家，我根本不愿意受这份罪，你了不起，你爱国，我就是不爱国，你能把我怎么样？小王八羔子，你还想来教训我？滚开！"

高子恒这时候也生气了。因为这几年来，他眼见日本鬼子在东北胡作非为，飞机在空中肆意盘旋，他认为这是中国人的奇耻大辱。每个中国人都应爱国，特别是教育班的同学，都应该是认真学习刻苦操练随时准备献身报国的优秀青年。陈光亚不仅说他不爱国，还辱骂他，他气不打一处来，一记重拳打到陈光亚的鼻梁上，鼻血汩汩地流了出来。

他们打架的事很快传到炮科队长黄振威那里。队长虽然赞成高子恒的观点，但他毕竟动手打了人，所以各打五十大板，给予两人禁闭一天的处分。

这事又传到了班主任郭松龄的耳朵里，他觉得很奇怪，年轻人中因一些琐事打架的不少，因为爱国不爱国而打架的却少之又少。教育班的大多数学员是为了自己的生活，为了个人的欲望或是懵懵懂懂、稀里糊涂来学习的，像高子恒这样心系国家，有理想、有抱负、立志精忠报国的学生是不多见的。他对高子恒这个热血青年有了初步印象。

高子恒和陈光亚从禁闭室出来后，郭松龄将军召见了他们。他耐心听取了他们各自的观点，并进行了爱国主义和团结才有力量的训导，鼓励他们在学习、操练和生活中要互相帮助，要如兄如弟等，使两个年轻人不仅尽释前嫌，和好如初，更使他们特别是高子恒进一步增强了爱国意识，抱定了献身国家的决心和信心。而郭松龄对高子恒的印象也更深刻了。

有一天，一个教官在课堂上讲到从第一次世界大战得到的启示，讲到意大利的空军少将杜黑的制空权理论。他说，杜黑的理论已经被第一次世界大战的经验所证明：无论是在陆地还是在海洋，空中力量占优势的一方才能具有行动的主动权，反之则会陷入被动。各国在战争中充分认识到了航空兵的重要性，因而都大力发展航空兵。在整个第一次世界大战期间，敌对双方投入的军用飞机多达 10 万余架次。同时，飞机的战斗能力也在实践过程中得到不断增强，机载武器由飞行员随身携带的手枪、手榴弹之类发展成为固定在飞机上的机枪、炸弹等。杜黑的制空权理论也开始为更多的人所认识、理解。教官认为，中国今后的国防，不仅要重视步、炮、骑兵的建设，而且要强化空中防御战斗力量，否则，地面的炮兵和步兵得不到掩护，就会付出惨重的代价。

高子恒第一次听说杜黑的名字，第一次听到制空权理论，他认为这个理论是非常正确的，可以说是说到了他的心坎上。这几年，高子恒经常看到日本鬼子的飞机在天空中飞来飞去，而我们却无力和日本飞机抗衡，觉得非常窝囊。接着他又听到教官讲张少帅(张学良)去年已经从陆军军官教育班里考选了 13 名学员送去法国接受飞行训练,今年又考选了 27 名优秀学员,准备集训后再送到法国学习飞行……教官的话还没讲完,高子恒就喊了出来:“报告!我们班有考选的吗?我怎么不知道啊?”教官看到班里年龄最小个子也矮小的学员这么冒失地讲话,又好气又好笑,就说:“你要知道干吗?你难道也想当飞行员?”高子恒认真地说“是啊!我就是想当飞行员!难道不行吗?”“我认为当前中国最需要的是空军,空军比炮兵重要得多,所以,我一定要当飞行员!”

下了课,高子恒就找到队长黄振威,央求他给自己想办法,补报考赴法学习飞行。黄振威被他纠缠得没有办法,只好同意带他找班主任郭松龄将军。

高志航与到法国学习飞行的中国同学(前排右二为高志航)

高子恒是幸运的，他遇到了既爱国又爱才的郭松龄将军。

郭松龄

郭松龄将军是唐朝名将汾阳王郭子仪的后裔。明代时，其远祖到东北来戍边。到清代，由于世乱和兵祸，家业无存，其祖父一代迁到渔樵寨村落户。郭松龄的父亲郭复兴曾想追求功名复兴家业，但家境的窘迫迫使他放弃仕进之路，在乡村做了一名私塾先生。郭松龄的母亲是一位典型的农村妇女，勤劳善良，尽管自家不富裕，也常救济比自己更困难的人，这给郭松龄以很深的影响。他出生的地方沈阳市东陵区是1904～1905年日俄战争的交战区，这场外国侵略者在中国土地上的战争给郭松龄极大的刺激，他下定决心从军报国。1907年，郭松龄以优等成绩毕业于奉天陆军速成学堂。学习期间他从担任教官的同盟会成员方声涛那里接触到民主革命的思想，深得陆军统领朱庆澜赏识。1909年，郭松龄随陆军统领朱庆澜入川，任第六十八标的队长。朱庆澜同情革命，在他的部队里聚集了一批如程潜、方声涛等同盟会会员。第二年,郭松龄也加入新军中的同盟会,成为同盟会早期成员之一。1911 年武昌起义后,他回到奉天参加了张榕领导的联合促进会密谋起义,被发现遭逮捕,经后来成为其夫人的韩淑秀冒死相救才获得释放。1912 年后,郭松龄先后考入北京将校研究所和中国陆军大学,毕业后任北京讲武堂教官。1917 年,孙中山组建护法军政府,郭松龄投奔孙中山,任韶关讲武堂教官。孙中山领导的护法运动失败后,郭松龄返回奉天,任东三省陆军讲武堂战术教官。在此期间结识了少帅张学良,被张作霖委任为张学良旅参谋长兼第二团团长,以后又当了旅长。1922 年和 1924 年两次直奉战争中,他和张学良带领的军队都打了胜仗。可以看出,郭松龄是个具有强烈的民族自尊心、能打胜仗的将军,在军队和教育班上都有很高的威望。这两年,少帅张学良为了提高东北空军的实力,学习外国先进的航空技术,培养高素质的飞行人员,开始在军队里选派优秀人才出国学习飞行技术。第一批 13 人大都已过而立之年,飞行技术、战术水平均因身体条件受限,不利于空军的长期发展。张学良遂要求具体负责这项工作的郭松龄在选拔第二批学员时要严格把关,要选取那些年龄轻、体质好的学员来培养。这也正合郭松龄之意。他在选拔赴法国学习的学员时,非常严格。从东北军官教育班的 1000 多名学员中只选取了 27 人到法国学习。现在又出现了个高子恒,虽然他早已对高子恒产生了好感,但按规定招考已经结束,不能再招考了。然而,一场对话使郭松龄改变了主意,给了高子恒一个机会。

郭松龄问高子恒:“你之前为什么不报考?”“我没注意到,我只专心上课、操练,根本不知道这件事!”队长黄振威也为他帮腔,说:“是的,他是个很认真学习的学员。”郭松龄犹豫地说:“机会错过了,很难挽回的。”“不!机会在班主任手里!”高子恒急切地说:“只要班主任点个头,我就有机会了!”

看到高子恒着急的样子,郭松龄不由得想起了他和陈光亚打架的事。当时他就知道了他的性格,知道了他的爱国热情,觉得这是一个不可多得的军事人才。

郭松龄笑着问:“是吗?你真的是下定决心学习飞行了?”高子恒两只眼睛紧紧盯着郭松龄,斩钉截铁地说:“是的,我一定要学飞行!看到日本飞机在我们的头上飞来飞去,我就恨不得驾机飞上天空把他们赶走,赶到东京去!不许他们在我们的天上耀武扬威!”这几句话说到了郭松龄的心坎上,是啊,东北的中国军人,哪个不对日本军队恨之入骨?

沉默了一会儿，郭将军又问：“我如果给你一次机会，你有把握考上吗?”高子恒自信地回答：“有!”“凭什么?”“凭我的学习基础，凭我的法文，我有信心和决心考取!”郭松龄听说他是中法中学的毕业生，法文基础不错，很感兴趣，因为已考取的27名学员中没有一个懂法语的。郭松龄答应了高子恒的请求，给他一个机会，补考一下。

高子恒非常珍惜这个机会，回到班里后加紧复习功课，凭借平时的基础和一周多的复习，他顺利过关，考取了赴法学习飞行技术的资格。

孙中山航空救国题字碑

近半年的出国集训结束后，高子恒等28人在领队姚锡九的带领下，于1925年中秋节后的第二天在上海十六铺码头登上了“包尔斯”号邮轮，经过20多天的颠簸，他们来到了法国东南部的马赛港。

马赛港是欧洲仅次于荷兰阿姆斯特丹港的第二大港口，已有2600多年的历史。这时的法国正处于第一次世界大战后的复兴期，工商业开始恢复，马赛港也是一片繁忙景象。高子恒等28人在姚锡九的带领下，从马赛港的人流、车流、货物流中挤了出来，进入码头海关大楼。由于当时的法国特别想在列强瓜分中国的争斗中多分得一杯羹，很重视与中国的联系，专门让陆军和海军部门派代表迎接中国的学员们。而这些代表又都是姚锡九在法国学习时的同学，他们久别重逢分外高兴，对学员的安排也格外周到细致。当天晚上，学员们就参加了东道主安排的晚宴和舞会，生疏地用刀叉吃了法国大餐，又尴尬地与法国姑娘跳了交谊舞，这些小伙子们初步领略了法国情调。

第二天，学员们被专车送到巴黎。过了几天，经领队姚锡九的协调安排，他们中有10人被分派到高德隆民间航空学校学习，其余18人被分派到牟拉纳民间航空学校学习。高子恒和他的密友、篮球队长杨相林一起被分派到法国一流的牟拉纳航空学校，他们都很高兴。

牟拉纳航校位于巴黎近郊的牟拉纳小镇，小镇的周围都是浅山农田，景色优美宁静，有着良好的学习训练环境。学校训练使用的教练机是当时世界上最先进的机种，分为风冷旋转式 120 马力双座教练机和 180 马力众星双座教练侦察机两种。学习的科目有机械、驾驶、法文等。航校的师资力量也很强。校长盖罗虽然只有 37 岁，但参加过一次大战，立过大功，在航校甚至在法国航空界都很有威信。两个主任教官也都参加过一次大战，飞行技术号称法国一流，尤其是名叫冯窪的教官日后对高子恒影响很大。冯窪在一次空战中腿部中弹，致使左腿成跛，走路一拐一拐的。可是当他驾机飞上蓝天时，他却如龙游大海，鹰击长空，翱翔自如。他曾经在两小时内，在空中一口气连做 963 个飞行特技动作，由他训练的法国和外国学生有 1000 多名，在法国航空界里有很高的名望。还有 3 名年轻的助教协助两名主任教官训练来自中国和西班牙的 20 名学员。

牟拉纳航校驾驶科目的主要教程是滑行起飞、落地、转弯、直线飞行、升高、降落、特技、长途飞行。这些动作对高子恒来说一点都不难。他本来就反应灵敏，身手比较利落，再加上他学习非常认真，动作非常标准，胆子大，心又细，所以在中国学员中，他表现很突出。他特别佩服和羡慕主任教官冯窪灵活而美妙的飞行特技，所以他总是创造机会向冯窪学习请教。冯窪开始还不在意这个中国小伙子，时间长了，他发现这个年轻人有些与众不同，他开始认真和高子恒交流了。

“飞行,最重要的是集中思想。”他向高子恒传授自己的经验,“只要飞机一开始滑行,就要把所有的杂念抛到脑后,将自己的全部思想和神经集中到一个焦点上,可以说,那时,你的身体和飞机要合二为一,你的动作和飞机的动作也要合二为一。”高子恒频频点头,仔细地琢磨教官的教诲。他问:“请问教官,您的腿部受伤,走路都跛,可一点都不影响飞行,是不是与您和飞机合二为一有关?”

“是啊,我驾机起飞时,根本就忘了自己是跛子。”冯窪教官看着高子恒说,“因为在空中,我与机身合二为一,我借机而飞,不是走的,所以,跛腿没有影响。”紧接着,教官幽了自己一默:“当然,走下飞机后,这时的我已经和飞机分开,我必须用自己的脚走路,我的跛腿就原形毕露了!”“这个比喻真神妙!”高子恒由衷地赞叹道。冯窪教官看高子恒如此认真,进一步训导说:“体会,要用心灵体会,就不足为奇了!”他更进一步地说:“譬如在空中作战,俯升翻滚,你必须把飞机的每一个部分当作自己身体的一个部分。就像你小时候和别人打架,拳打脚踢,摸爬滚打一样,你在空中和敌机缠斗时,只不过把机身当成了你的身体而已。”高子恒一边听,一边想着小时候和伙伴们打架的情景，仔细体会教官的教导。

看到高子恒沉思的样子，冯窪知道他已经领悟了，很高兴，鼓励高子恒说：“只要你懂得用心灵去体会飞机，把自己的思想和感觉与飞机合二为一，那么，飞机也是有灵性的，它的一切都会跟你的思想和感觉相结合，不分彼此。”“教官，这是不是叫作‘人机一体’啊？”“对！对！”冯窪高兴地叫了起来，他拍了拍高子恒的肩膀，兴奋地说：“你已经领会我的意思了，我很高兴！有的同学任凭我说破嘴也无法领会我的意思。”“谢谢教官夸奖！”高子恒也高兴地说。

“想当时，”冯窪拍拍自己受过伤的左腿说，“一排子弹扫过来，我就感觉到‘我们’中弹了，但是‘我们’还能飞，子弹虽然打中了我的腿，但没有关系，‘我们’还能飞，因为‘我们’不用腿，‘我们’是用螺旋桨飞的！是不是？”高子恒连连点头：“是！是！是！”

“后来，我在医院动了手术，出来后走路有点跛，我非常沮丧地以为不能再飞了，但想起当‘我们’升空后是飞的，不是用腿走的，只要我的腿仍然可以操作飞机，为什么不能飞呢？”冯窪回忆起过往的事，释然地说。“只要我的腿还能操作机件，‘我们’仍然可以合二为一，甚至更密切，更融合！”

“是啊！教官在空中做漂亮的特技动作时，谁能看得出您的腿受过伤?”高子恒带着崇敬的口吻附和说。

“所以，当初有很多人劝我改行，但是我坚持了下来。”冯窿自信地说。“教官，您靠的是意志力，是吗?”冯窿接了一句:“还要加上‘不要命’!”

高子恒会意地笑了。是的，学飞行，就要有不怕死的精神，飞机一起飞，自己的命就和飞机合二为一了，生与死，统统掌握在自己手里。

从此后，“人机合一”、“意志力”、“不要命”的观念，就深深地印在高子恒的脑海里。

牟拉纳航校 8 个月的初级飞行训练让高子恒等 18 人接受了法国式的教育，学习了先进的航空知识，掌握了初级的飞行技术。1926 年 7 月 16 日，他们通过严格的考试，取得了毕业证，离开了牟拉纳镇来到了马赛近郊的伊思特镇，和在高德隆航校毕业的 10 名同学会合，进入法国当时最有名的伊思特军事航空学校学习。

伊思特航空学校是专门训练由民间航校毕业出来的初级飞行人员的高级航空学校，目的是使经过初级飞行技术训练的学员增加军事知识和空战技能，成为正式的空军作战人员。学校设置的课程是:温习初级飞行，学习侦察飞行、轰炸飞行和驱逐飞行等。这些课程及格以后，再由学员自己选取其中一项做进一步的专业学习和研究，成为个人飞行的特长。学校用来训练的飞机有300架，包括：布莱克14号飞机、牛包29号飞机、高德隆59号飞机和牟拉纳53号飞机等。领队姚锡九安排他们在附近的家庭旅馆食宿。他们每天早上5点起床到校训练，中午休息后再训练到18点后返回家庭旅馆休息。训练虽然紧张，但优美的环境和较多的闲暇时光使他们感到很惬意。

在这里，高子恒又遇到了一个令他敬佩的人，并和他成了莫逆之交，他就是航校校长包毕斯先生。包毕斯先生50多岁，他参加过第一次世界大战，在战斗中受了伤，腿也有些跛，但他的驾机技术非常好，丝毫不亚于牟拉纳航校的主任教官冯窿。高子恒看到校长走路的样子，又看到他驾机在空中飞行的妙姿，总是在赞叹不已的同时想起冯窿主任教官的"人机合一"的教诲。他在训练中认真学习大胆实践，训练成绩非常突出。特别是在驱逐飞行的动作表现上，他大胆的作风和机敏灵活的动作，使包毕斯校长大加赞赏，认为他是一个不可多得的飞行人才，技术超出其他学员。

有一次他和包毕斯各驾一架布莱克飞机，在伊思特航校上空模拟驱逐飞行，两个人都使出浑身解数，在空中纠缠，互咬尾巴，上升、俯冲、侧飞、急转，简直像是两只老鹰在空中嬉戏，看得地面上的人阵阵喝彩，手掌都拍红了。降落后，校长跛着脚急切地走向高子恒，拍着他的肩膀说："好！好极了！我遇到了一个好对手！"高子恒向校长敬了一个军礼，敬佩地说："校长，您真了不起，我追不上您，您的技术太高明了！"

在校长的鼓励和指导下，高子恒更加认真刻苦地学习和训练，对于各项飞行特别是驱逐飞行和驱逐战术有很深的理解。3个月的飞行训练结束时，高子恒以优异的成绩荣获校长颁发的驱逐飞行军士的军衔，特准派到法国兰锡空军第二十三团见习。临走时，校长又勉励他说："你以后就专攻驱逐战术。以你的身手，一定可以为你的祖国争光的！""谢谢校长鼓励！我一定努力，为祖国争光！"高子恒信心满满地回答。

法国兰锡空军第二十三团位于法国和德国交界处，即后来建成的马其诺防线的后面，是法国防备德国的一个重要的防空根据地。因为是备战基地，这里管理非常严格，要求官兵都要服从命令，遵守纪律，衣帽整洁，礼貌待人。开始，高子恒还不习惯这么严肃的军营生活，但没过多久，他就适应了。

在实习过程中，中国的学员个个都很认真，技术都不输于其他国家的学员。但是，法国空军第二十三团的官兵却总是看不起中国的实习学员，甚至有些歧视，对中国学员规定了很多禁令，在飞行时划了很多禁区，如不准中国学员驾机飞越巴黎上空；不准驾机低飞穿越桥洞……高子恒对此很不服气，他觉得法国人太瞧不起中国人了，他一定做个样子给法国人看！在兰锡见习的第三个星期，他就驾机低飞，对准桥洞飞了过去，再来个侧飞急转

小贴士

马其诺防线：马其诺防线是法国在第二次世界大战前，为防德军入侵而在其东北边境地区构筑的防御工事体系，以法国陆军部长马其诺的姓氏命名。马其诺防线从1929年起开始大规模建造，1940年才基本建成，造价50亿法郎。防线主体有数百公里，主要部分在法国东部的蒂永维尔。该工事由钢筋水泥建造而成，十分坚固。由于造价昂贵，所以仅防御法德边境。防线内部拥有各式大炮、壕沟、堡垒、厨房、发电站、医院、工厂等等，通道四通八达，较大的工事中还有有轨电车通道。

弯，俯冲河面，又从桥洞穿回来，看到这一幕的人无不拍手叫好。但因破坏了禁令，高子恒受到关禁闭的惩罚。不过，关他禁闭的指挥官也不得不承认高子恒的飞行技术是高超的。

紧接着的一场飞行表演，更让法国人对中国学员另眼相看了。

为了对各国学员见习飞行的情况进行一次检阅，法国空军在兰锡机场举行了一次飞行表演。指挥官指定高子恒代表中国见习飞行员参加表演，高子恒一口答应下来。

11 月 10 日这天，飞机场里搭了一座司令台，设了看台，邀请军民各界代表观看一年一度的飞行表演。

天上一架一架飞机表演着各种高难度的动作，看台上赞叹声不断。轮到高子恒表演了，只见他从容不迫地向指挥官敬了个礼后，跑向停机坪，稳稳地发动飞机，滑出跑道，加速起飞，然后在空中做着精彩的表演：一会儿扶摇直上，一会儿俯冲而下，一会儿又直角拐弯，一会儿又连翻筋斗，真是惊险万状，扣人心弦。最后，只见飞机一个筋斗，以接近垂直的角度俯冲下来，在场的人都惊呼起来，以为要出事了，但观众的呼声未落，高子恒的飞机已经拉平了机身，轻巧地降落在跑道上，滑行到主席台前。当高子恒从机舱里跳下飞机时，场上响起热烈的掌声。

指挥官对高子恒的表演非常满意，认为他是表演者中的佼佼者，授予他表演特优奖。参观表演的西班牙和意大利的航空官员也有意聘请高子恒担任飞行教练。高子恒也在表演中进一步体会到人机合一的魅力，体会到只有掌握过硬的技术，才能获得别人的尊重。

在兰锡法国空军基地的见习飞行只有短短两个月的时间，高子恒和其他学员的体质和技术都经受了严格的考验，顺利完成了轰炸投弹、扫射、空战、无线电联络等各项实习科目。更重要的是，他们都学到了法国空军部队的作战备战精神，学到了空中战斗技术和驱逐的战术。

1927 年 1 月，高子恒等 28 名中国学员从马赛港登上了法国“鲁达娘”号邮轮，返回日思夜想的祖国。

第三章　故乡沦陷

1927 年 1 月底，高子恒一行乘坐的法籍邮轮“鲁达娘”号抵达上海。这时候南方的国民革命军北伐，正向孙传芳的军队进攻，上海局势非常混乱。高子恒等上岸后，未敢在上海停留，直接换乘轮船驶向大连，返回沈阳。这时，已是大年三十的下午。

高子恒在沈阳姨妈家吃过晚饭后，便骑马飞奔回到老家，意欲与离开一年多的家人相聚欢度春节。但妻子邵文珍因体弱多病，性格内向，接受不了高子恒去法国后音讯全无的折磨，已经去世。这件事给高子恒的心里留下了很深的阴影。

春节过后不几天，高子恒等学员就被一个紧急命令集中到了位于沈阳东关外东塔的东北航空处飞鹰队。

沈阳东关外的东塔是当时东北唯一的航空基地，与北关外的北大营齐名。这里除了飞鹰航空队外，还有东北航空学校、航空工厂、航空器材库等机构。东塔航空基地的机场面积并不大，只有 800 平方米。东北航空部队的 100 多架飞机都停在这座机场里。

高子恒及队友报到以后，才得知他们被紧急召集报到的原因。原来，当时的直系军阀吴佩孚正和冯玉祥的军队在河南大战，东北的张作霖想乘机出兵，计划于 1 月 19 日出山海关，并向济南用兵。他想利用空军来壮威，

小贴士

北伐战争：北伐战争，是由中国国民党于 1926 年至 1928 年间发动的统一战争。1926 年 7 月 9 日，国民革命军从广东起兵，在中国共产党和广大工农群众有力支持下，取得多次胜利，在连克长沙、武汉、南京、上海等地以后，国民党内部一度分裂，汪精卫和蒋介石分别在武汉、南京建立国民政府，北伐陷于停顿。宁汉合流后，国民革命军继续北伐，并在西北的冯玉祥和山西的阎锡山加入下，于 1928 年攻克北京，致使北洋奉系首领张作霖撤往东北并被日本刺杀于皇姑屯。同年 12 月其子张学良宣布东北易帜。至此北伐完成，中国实现了形式上的统一。国民政府正式统治全中国。

所以就紧急命令这批刚学成回国的飞行员组成飞鹰队待命作战。好在济南的作战很快结束了，飞鹰队没有出战，这一批队员就在队长，也是前期留法回国的学长徐世英的带领下进行飞行训练。

这年的春夏之交，国民政府已定都南京，继续整顿部队进行北伐。北方奉军和直军则联合夹击北上的国民革命军，他们在北京组成政府，由颜惠庆摄行总理职务，以后又由海军总长杜锡珪代行，实际上北京政府毫无实权。6月，张作霖又在北京就任“海陆军大元帅”，统领奉系军队不断扩张势力，老百姓苦不堪言。

高子恒当时虽然只有20岁，但他是一个善于思考的热血青年。他赞成张作霖扩军自重，维护地方治安，但又反对他“挟日自重”，使得日本人在东北有恃无恐。当时，张作霖以日本军队为后盾，从日方获得武器，并接受日本要求，准许他们派军驻扎东北要地，还请日本教官训练东北军队，包括当时的东北航校都有日本教官训练学员，使得东北几乎沦为日本的殖民地、附庸。这让有着极强的民族自尊心的高子恒非常反感。加上军阀割据，互相之间打来打去，中国陷入混乱之中，老百姓受苦不说，更让日本侵略者有机可乘。高子恒面对中国的局势十分忧虑，心情非常苦闷。他只有顺应张作霖当时的要求，加紧训练，不断提高飞行技术。

在飞鹰队里，高子恒的飞行技术是首屈一指的，他的许多高难度技术引起了在东北航空学校任教的日本教官的注意，他们几次邀约高子恒切磋技术，都被高子恒婉拒。他从骨子里恨透了日本人，对他们保持极高的警惕性。

1928 年至 1931 年，既是高子恒大有收获的几年，又是使他更加愤懑无奈最后不得不离开家乡的几年。

他收获了真挚的爱情，有了温暖的小家庭。

他的爱情种子播种于 1928 年春天，地点在满洲里。这一年，中国蒙古地区发生了一场叛乱，沙俄残余势力唆使驻军和暴民结合，反抗地方政府。由于这个地区属于东北安国军统帅张作霖统辖管制的地方，张作霖下令陆军一个团前去镇压，又下令飞鹰队派出 10 架飞机作为后援，进驻满洲里机场待命。高子恒和杨相林等在队长徐世英的率领下来到了满洲里。满洲里和苏联毗邻，和富拉尔基以及昂昂溪都有铁路相通，交通便利，贸易往来繁多，市面繁华，商店林立。高子恒等住在“欧亚航空站”的宿舍里，除了轮班值日待命以外，就是和队友上街闲逛、到茶馆喝茶聊天。

这一天，高子恒独自一人开车准备到市区。他驾着汽车在结冰的路上缓缓地开着。快到市区时，忽然看到一个行人在向他招手，他慢慢地把车停在路边，只见一个人碎步跑到车子旁，趴在车窗上，说："嗨，飞机师，能不能让我坐你的车子上街？这天够冷的！"高子恒摇下车窗，看到的是个外国少女，笔挺的鼻梁，深凹的眼眶里镶嵌着一双灰蓝色的眸子，皮帽子边缘露出几缕金黄色的头发，被冻得发红的面颊更衬托出细白的皮肤。噢，原来是个俄国女郎。还没等高子恒应允，少女已经敏捷地开门上车落座在副驾驶的位子上。

经过交谈，高子恒知道眼前这个姑娘名叫嘉莉亚，今年17岁，是个俄国人，祖先是沙俄时代的贵族。俄国大革命将沙俄皇室政权推翻后，贵族们四散逃亡，嘉莉亚一家逃到中国来，过着流亡的生活。一家人靠变卖古董、油画和细软维持生计，嘉莉亚为了谋生，学会了中国话、蒙古话和日本话。嘉莉亚从前是学护理的，父亲委托一个认识沈阳大医院工作人员的朋友为她介绍工作，她这次就是到城里找这个人的。高子恒听了她的述说，深表同情，真诚地希望她能够如愿以偿到沈阳工作。下车前，姑娘轻声说："谢谢您的祝福，也谢谢您让我搭您的便车！""不客气！正好遇上了嘛！"高子恒也轻声回答。

这一邂逅，给高子恒留下了深刻的印象。更巧的是，高子恒从茶馆里出来后，又一眼看到了嘉莉亚。原来她从街上走过时又看到了高子恒的车子，就在这儿等他。高子恒又惊又喜：“嗨！你怎么在这儿？”“看到你的车子知道你在这儿，等你啊！”“噢，搭便车回家？”“是啊！”就这样，高子恒和嘉莉亚越来越熟，交谈越来越深入，可以说是无话不谈。后来，高子恒几乎每次到市里都会遇到嘉莉亚，他们都感到彼此间很有缘分。只可惜，20 天以后，因为蒙古的叛乱已经平息，飞鹰队奉命立即飞回沈阳，高子恒没有来得及和嘉莉亚告别就离开了，他感到很遗憾，因为他连通信地址都没给嘉莉亚留下。

但是，后来发生的事情又使他和嘉莉亚再次重逢，并最终成就了这段异国情缘。

从满洲里回到沈阳后，高子恒升任少校中队长。他严格要求属下队员，一定要把飞行技术和空中动作学到熟练、精湛为止，并经常身先士卒，率先垂范，带领队员苦练飞行技术。无奈的是，东北空军虽然有 100 多架飞机，但都是杂牌货，有法国的、英国的、日本的和美国的，故障率奇高，维修技术也不行，所以飞行训练常常受到影响。一天，他看到一架飞机修了很长时间了，听说是操纵杆有问题，配不到零件修不好。他想试试看能否飞行，就驾机飞了起来，谁知在降落时，操纵杆不听使唤，飞机没有降落在跑道上，而是斜冲到了跑道外的土丘上。高子恒的腿部受伤，尤其是右腿伤得很严重。航空处紧急将他送往医院治疗，但不知怎的，高子恒的腿伤一直不见好。而且腿部伤口处日渐发黑，疼痛难忍，不得已又换了一家俄国人开的医院治疗。在这里，他不仅将腿伤治愈，还再次遇到了嘉莉亚。

原来他第一次去的医院是日本人开的。日籍医生知道高子恒是飞鹰队的中队长，飞行技术极为精湛，心里就有些小九九。在手术过程中，他把高子恒伤腿中的碎骨取出后，接上了一根狗骨头，然后打上石膏，住院几天后就让他出院回到部队去休养。当俄国医生打开石膏后，看到的是发黑的几乎要溃烂的伤口。医生庆幸地说："再迟来两天，你的腿非要锯掉不可！"俄籍医生为他做了两次手术，挖掉狗骨头，用不锈钢钉固定好，疼痛减轻了大半。还找了个年轻的护士专门照顾他，而这个护士恰恰就是嘉莉亚，让高子恒欣喜不已。

在医生的治疗和嘉莉亚的悉心照顾下，高子恒的腿伤渐渐好了起来。两个月以后，医生拆开石膏，当高子恒放下拐杖，试走几步时，他愣住了，那条受了伤的腿居然短了一截，走起路来一跛一跛的。性子本来就急的高子恒这下大声嚷了起来："怎么会这样？怎么会这样？"医生低声说："我们已经尽力了，这样已经是最好的结果了。""那为什么不先告诉我？"高子恒有点声嘶力竭地诘问。嘉莉亚抱住他，哭着说："大家不敢告诉你！"她抓紧他的双腕，呜咽着安慰他："你的腿能走，你的命能保住，已经要感谢万能的主、感谢医生了，你要坚强……""子恒，勇敢些，别让人家笑话你……"待高子恒稍稍冷静一些了，嘉莉亚又进一步宽慰他说："其实医生早告诉我了，你可能有点跛。但是没有关系的，我爱你如从前，甚至比从前更爱你……""嘉莉亚！"高子恒激动地抱紧了嘉莉亚。

在大家的劝慰下，特别是在嘉莉亚的抚慰下，高子恒渐渐地接受了现实，他想起在法国学习时主任教官冯窪的教导：我们是用螺旋桨飞的，不是用脚走的！我们要人机一体，只要把我们的思想、意志和飞机结合起来，我们一定会飞起来的。想起包毕斯校长虽然跛着脚，但空中飞行技巧还那么精湛，他慢慢释然了。当时，航空处的领导们都怀疑他能不能再驾飞机，准备把他的中队长的职务调换一下，让他到地勤处工作，这对视飞行如命的高子恒来讲比要他的命还要严重。

高子恒不信这个邪，他在嘉莉亚的鼓励帮助下拼命地练习走路，特别是苦练右腿，努力使双腿的力道保持平衡。终于有一天，他坚定而信心十足地跨上飞机，用一种初学飞机驾驶的心情和姿态，驾驶飞机飞上了天空。

当然，由于已经几个月不驾机了，起飞的姿势大不如前，但他牢记主任教官冯窪的教导，以包毕斯为榜样，把他们的观念、意志和动作都融入自己的身体里，当飞机飞到空中时，他就以一只好腿加一只残缺的腿，飞出了一流的技术，上升，俯冲，下降，翻滚，急转，侧飞，一系列的动作从开始有些生疏到渐入佳境，最后他像往常那样干净利落地降落下来，让在地面观看的同事们叹为观止。

自此，高子恒恢复了以前的自信，恢复了以前的乐观。他知道，这些是医生的功劳，是他的意志力的功劳，更是嘉莉亚对他体贴入微的照顾和深入心灵的慰藉的功劳。他爱嘉莉亚，现在他更需要嘉莉亚！他们在姨妈的支持下，结婚了。后来，他们的婚姻也得到了父母的同意。1929 年 7 月，他们的大女儿高丽良出生了，第二年，嘉莉亚又为他生了个二女儿，取名高友良。他们在沈阳租了房子，把父母

高志航俄籍夫人嘉莉亚（中）及女儿高丽良（前边的女孩）

和弟弟妹妹都接到沈阳居住，又安排弟弟妹妹上了学，一家人和和睦睦，快乐无比。

但是，这几年的政治局势又是让高子恒烦闷不已的。

1928 年上半年，国民革命军统一了南方后，决定挥师北上，以消灭奉系、直鲁联军，也就是以肃清山东、河北、热河、察哈尔、绥远等地北洋军阀为目的，开始第二次北伐战争。北伐军总司令为蒋介石，总参谋长为何应钦，下辖 4 个集团军，分别由蒋介石、冯玉祥、阎锡山、李宗仁统辖。而北洋军阀方面，由安国军大元帅张作霖挂帅，下辖 7 个方面军，由孙传芳、张宗昌、张学良、杨宇霆、张作相、吴俊升、褚玉璞分别担任军团长。4 月 7 日，蒋介石发表了《渡江北伐誓师通电》后，3 个集团军按照部署，分别由津浦线、京汉线、京绥线，第四集团军则西上湘鄂转入京汉线，全面发起总攻。这时的国民革命军经过整顿重编，战斗力增强。5 月 30 日，蒋介石就率军抵达石家庄，不日即可攻入北京。6 月 2 日，北洋军阀孙传芳眼见大势已去，向国民革命军投降。张作霖也发表通电，以“不忍同室操戈、喋血京畿”为由，将北京的中央政务交由国务院摄理，命张学良、杨宇霆等照料后撤部队，自己则带领一批文武官员出关，拟返回东北。

当时，驻扎在东北的日本关东军希望张作霖坚守北京、天津，以抵抗国民革命军北伐。但是张作霖不愿意，仍决定退回东北。日本关东军非常恼火，他们憎恨张作霖不听摆布，又不甘心张作霖返回东北，更不想让国民革命军北上统一全国，阻碍关东军在东北势力的扩充。于是，由日本关东军高级参谋河本大佐秘密计划，在沈阳车站附近北宁铁路与南满铁路交会处的皇姑屯埋设了 60 公斤的炸药。当张作霖乘坐的火车于 6 月 4 日凌晨 5 时 23 分经过时，炸药爆炸，将张作霖炸成重伤，不久即不治而亡。

小贴士

东北易帜：张作霖被日本人在皇姑屯炸死后，其子张学良继任东北保安司令。蒋介石派人劝说张学良改旗易帜，服从国民政府。日本为把东北变为它的殖民地，威逼张学良在东北“独立”。张学良肩负国耻家仇，不顾日本帝国主义的武力威胁，毅然于 1928 年底发表通电，宣告东北遵守三民主义、服从国民政府，将原来悬挂的北洋政府的五色旗换成国民政府的青天白日满地红旗。此举标志着北伐结束，中国形式上完成统一。

日本关东军炸死张作霖后，却宣称是国民革命军干的，企图洗清自己的罪责，让东北军更加仇恨国民革命军。但是，纸包不住火，谎言很快被揭穿，连日本外务省也发现是关东军干的事。日本外相币原在日本内阁会议上对关东军的做法还给予批评。这就使东北军民对日本关东军更加仇恨。消息很快传遍全国，张学良闻讯后，义愤填膺，化装成士兵秘密回到沈阳。东北军官兵见到张学良非常高兴，一致推选他为东北三省保安司令。

张学良

张学良回到沈阳后，日本方面和国民政府都派人到东北活动。日本是想鼓动张学良在东北宣布独立，为他们以后武装占领东北创造条件。国民政府方面是想让张学良归顺，和平解决东北问题，实现全国统一。张学良拒绝了日本的威逼利诱，接受了南京方面的条件。1928 年 12 月 29 日，张学良宣布易帜，五色旗换为青天白日满地红旗，通电服从国民政府。12 月 30 日，国民政府任命张学良为东北边防军司令长官。

对于张作霖的死，高子恒的感受是非常复杂的。一方面，他很敬佩张作霖，佩服他有着奇特的经历，有着“大帅”的风度，是自己心目中的“英雄”。敬佩他能建设军队保卫家乡，自己也得益于张作霖的栽培，参加了军教班和赴法学习飞行，使自己能够成长、成才。但他又对张作霖利用日本军方的力量来对抗国民革命军，参加军阀混战，特别是对自己的恩师郭松龄被他杀害非常不满。所以，对张作霖的死他又悲伤又气愤，对日本关东军更加仇恨。东北易帜归顺国民政府后，他真心希望从此国家安定，百姓安居乐业，军队团结，一致对外，让中国再不受外国侵略者欺辱和压榨。

然而，日本关东军对张学良归顺国民政府，极力摆脱日本军人的控制大为恼火，他们不愿看到中国统一，不愿看到即将到手的东北三省纳入中国的版图。他们暗中计划要以军事力量与张学良和国民政府抗衡，破坏中国的统一，占领东北的土地。

所谓的“关东军”，实际上是 1905 年日俄战争结束后，俄国失败，日本从俄国手中取得中国旅顺、大连等地的租借权，并擅自将辽东半岛那块租借地改名为“关东州”，派了 1 个师团及 6 个独立守备大队，共约 1 万多名官兵驻守，故称为“关东军”。其本来的任务只是守备大连和旅顺两个海港，后来，日本少壮派军人抬头，关东军在东北独断独行，四处扩张地盘，参与政治，干涉中国地方政府，鱼肉中国百姓，日本参谋本部无法控制约束。于是关东军势力范围竟从旅顺、大连扩及整个东三省，甚至远及热河。张学良易帜后，关东军多次召开情报会议，研究东北的全面军事行动。关东军参谋团经常在东北各地考察，名曰“旅游”，实际是进行收集情报和实地观察。回到本部后，立即绘制军事地图，预作沙盘演习，将东北各大城市、铁路线路的情况，都摸得清清楚楚，随时准备发动军事侵略，吞噬整个东北地区。

对日本人的行径，高子恒等爱国青年义愤填膺，恨之入骨。特别是经常看到日本的飞机在天空上肆无忌惮地飞来飞去，侦察我国的情况，肺都要气炸了。他们唯一能做的就是苦练飞行技术，时刻准备着与日军决战。这时候，由于局势变化，东北的政府机构也有了很大的调整，高子恒被调任为东北航空学校的教官，上级希望他能以高超的技术去培养飞行界的后起之秀，并慢慢取代日籍教官。高子恒深知上级的意图，全身心扑到训练年轻飞行员的工作中。

高子恒训练飞行员，不仅仅教他们技术，更把灌输爱国思想放在首位。他总是跟学员说，中国虽然是个大国，

三轮宽

但是又是个弱国，总是受外国人的欺负，我们青年人，一定要牢记孙中山先生的“航空救国”的教导，掌握好飞行技术，才能捍卫祖国的领空，遏制日本的侵略，保卫我们的国家。他不但对学员谆谆教诲，而且自己也做好了把生命献给国

小贴士

三轮宽：日本陆军航空队王牌飞行员，号称“射击之王”或“驱逐之王”。陆军航空士官学校第二十九期毕业，曾任日本陆军明野航空学校教官和技术部研究员，被聘为中国东北空军和中央航空学校教官。1937 年全面侵华战争时任陆军航空队第十六联队第一大队少佐大队长。9 月 21 日在山西太原附近空战中，其驾驶的九五式战斗机被中国空军第二十八中队中队长陈其光击伤后迫降在农田里。他下来修理飞机时被中国农民击毙。

家，献给航空事业的准备。在训练中，他高标准严要求，学员做不好，他就在空中做示范动作，要求学生一定按他的标准做，做不好就让他们反复练习，直到做好为止。时间长了，高子恒的严格出了名，而他那一身飞行绝技更让航校的官兵赞叹不已，都称他为“东北之鹰”，也让航校原来的日籍教官三轮宽和原田浩钦佩不已。高子恒还在飞鹰队时，三轮宽和原田浩就曾邀请高子恒切磋技艺，被高子恒婉拒。高子恒也知道三轮宽的飞行技术相当棒。所以，在教练学员时，他经常把三轮宽的教练技巧拿来参考，以更好地训练学员。他经常和学员一起研究三轮宽的空中战术，分析他的飞行动作。他和学员们说，中国和日本终有一战，我们要知己知彼，把我们的对手日本的飞行技术摸清楚，这样，我们才能心中有数，打起仗来才能有的放矢，击中要害。为了表示要和日军进行空中决战的信心和决心，他于 1931 年 6 月把自己的名字改为“高志航”，以示立志献身航空，报效国家。

也就是在这一年，日本关东军为了达到占领东北三省的目的，精心策划了一系列的事件，并最终发动了“九一八事变”，使东北完全沦为日本的殖民地。

1931 年 7 月，中国人郝永德将万宝山村附近 12 户农民的土地，违法转租给 188 名朝鲜人耕种水稻。这些朝鲜人开掘水渠，截流筑坝，侵害了当地农户的利益，马家哨口200余农民上告。吉林省政府批示："令朝侨出境。"然而日本驻长春领事田代重德，派遣日本警察制止朝鲜人撤走，且限令于1931年7月5日前完成筑渠。7月1日中国农民愤而填渠毁坝，日本警察以护侨为名开枪打死打伤中国农民数十人，一手制造了流血事件。事后，日本歪曲事实真相，在朝鲜各地煽动反华风潮，致使旅朝华侨死伤数百人，财产损失无数。同时日本借机增兵中国东北，为武装侵略东北大造舆论。这就是"万宝山事件"。

此前的5月25日，曾发生了所谓的"中村事件"。日本军官中村震太郎大尉等人在兴安岭索伦一带秘密进行军事调查，被中国东北军兴安屯垦公署第三团官兵发现并扣留。在证据确凿的情况下，团长关玉衡下令秘密处决中村震太郎等人。日本借机宣称东北军士兵杀死中村是谋财害命，威逼中国交出关玉衡，并在日本民众中煽风点火，用"中村事件"和"万宝山事件"诬陷中国"损害日韩移民"。

尽管日本通过"万宝山事件"和"中村事件"多次挑衅，但当时的国民党忙于内战，对日本的挑衅采取了妥协退让的政策。张学良也于1931年9月6日致电东北军参谋长荣臻及东北三省政务委员会："……对于日人无论其如何寻事，我方务须万方容忍，不可与之反抗，致酿事端。希迅即密电各属，切实注意为要。”

国民党的不抵抗政策助长了日本关东军的嚣张气焰。日本关东军按照精心策划的阴谋，派出士兵炸毁沈阳柳条湖附近的南满铁路路轨，并嫁祸于中国军队。以此为借口，日本关东军于1931年9月18日夜向东北军驻扎的沈阳北大营等处发起进攻。当时，东北空军司令部只有参谋长陈海华值班，情况紧急，他立即向在北平的张学良请示，得到的回答是：“命令全体空军官兵不得擅自行动，这是委员长的意思。”语气沉重，话没讲完，张学良已经把电话撂下了。当天晚上，东北军参谋长荣臻也传达了命令：“日军闹事，不准抵抗，如有不听命令肇事的，以军法从事。”当夜，日军攻占北大营。次日天亮后，荣臻又电话指示：“今天不准飞机起飞，以免出事。”当时正是东北空军实施高级飞行训练阶段，飞机的武器装备是齐全的，炸弹也是现成的，随时可以投入作战，但是飞行员们听到这样的命令非常沮丧，无可奈何地离开飞机，撤离机场。

9月19日清晨，沈阳东塔机场遭到日军1个多小时的机枪疯狂扫射，但因机场人员已全部撤离，这个平时设防严密的地方没有一点动静。原航校日本教官雷耿带领

“九一八”事变中东北空军的飞机、设备全被日军掠夺

100多名日军士兵毫不费力冲进机场，缴获了机场上东北空军的110多架飞机、大批飞机零部件和航空工厂的全套设备。

9月18日是个周末，晚上10点，高志航等一家人都入睡后，他才准备休息。可是，上床以后，他总是翻来覆去睡不着。突然，他听到了远处传来的枪炮声，他预感到日军有行动了。但没有上级命令，无法夜回航校。好不容易挨到天微微亮，他就穿好衣服出去探听消息。中午时分，他才神情凝重地回到家。一进门，就反手把门关上。家人十分焦急，七嘴八舌问他：“怎么回事？出了什么乱子?”他顾不得回答,快步走进房间,在衣橱中翻找衣服。父母紧跟着他也走进房间,这时他才转身跪在父母面前,告诉他们:“爹、娘,关东军占领了沈阳,攻占了北大营和东塔航校,我要紧急撤回到关内。”

“为什么?”父母把儿子搀起来不解地问。“日本人不会放过我的。”“三轮宽、原田浩他们一定会来抓我。我得赶紧走。”高志航一边说,一边找了件破旧衣服穿上,拿了些盘缠,叮嘱父母和妻子说:“你们暂时住在沈阳,我一有信来,你们就撤到关内去。”高志航就这样离开了家,由三弟高铭新陪同,抄小巷小径到皇姑屯火车站,从窗口爬进一列挤满难民的火车。

在人满为患的列车上,高志航闻到的是污浊的气味,看到的是衣衫褴褛的难民,脑子里一幕一幕回放着日本鬼子在东北的罪行,怒火在胸中燃烧。他恨不得飞到北平,找到张少帅,允许他开着飞机回到沈阳,和日军拼个你死我活。但他到北平去哪儿找少帅啊?他只好到处打听,知道他的一个好友邢铲非任职于国民政府航空署,于是他又乘车来到南京,找到了邢铲非。

老朋友见面自然非常高兴。“啊!你逃出来真好!”邢铲非兴奋地拥抱着他说:“政府需要你!听说关东军到处在抓‘东北之鹰’,幸亏你飞得快,南飞是对的,葛世昌、杨相林他们也都逃出来了!”高志航咬牙切齿地说:“可恨的日本人,我非报此仇不可!”

第二天,邢铲非带他到军政部航空署,他被安排到航空署所属的第四队担任少校飞行员。

第四章　立志雪耻

高志航安定下来后，就四处打听家人的情况。不久后和沈阳家里取得联系，得知自关东军占领东北后，就派人到处寻找东北航空处的飞行员，特别是人称"东北之鹰"的自己。日本特务三天两头到高家来询问高志航的下落，父母担惊受怕、不厌其烦，已搬回老家居住。嘉莉亚还在沈阳医院工作，大女儿托给嘉莉亚的姑姑抚养，小女儿随父母回了老家，一家人还算平安无恙。高志航总算松了一口气。他陆续把父母、弟妹和女儿接到了南京。嘉莉亚因为工作原因没有同来。

虽然一家人团聚了，但是高志航总是想着东北沦陷，家乡山河被占领的屈辱，想着怎样才能打回老家去。所以，这个阶段的高志航除了飞行训练外，经常参与到抗日的洪流中。当时，南京、上海等地到处可以看到民众打着抗日的标语集会或游行，他只要遇到就会参与进去，并发表演讲，号召青年人拿起武器和日本人斗争，把侵略者赶回老家去。

可是，又有一件事使他的生活发生了重大的变故。

当时国民政府军政部非常重视航空事业。基于国家发展新兴航空事业的需要，也为了保护国家航空机密，规定中国飞行员不得与外籍女子结婚。就是说，如果有外籍配偶，就不可以当中国飞行员。这对于高志航来讲，真是一个重大的考验和两难的选择。一方面，他挚爱着自己的妻子嘉莉亚，她给予自己的力量和柔情是高志航不能忘怀的，何况她还给自己生了两个可爱的女儿，她是自己生命的一部分啊！另一方面，他又是那么热爱航空事业，把飞行当作生命来看待，为了飞行，他改名示志，尤其在国难当头的时候，国家和人民迫切需要航空救国的时候，他怎么能够放弃飞行？那些日子，高志航感到自己是那么彷徨无助，那么苦恼不堪。他夜晚辗转反侧，白天和父母商量，向同事请教，同时又反复研究军政部的命令，最后得出的结论是：飞行与嘉莉亚，两者只能选其一！万般无奈之下，他给嘉莉亚写了一封信，实事求是地把上级的规定和自己的烦闷、自己的无助说给嘉莉亚听。没想到，嘉莉亚很快就回了信，以她那热情率真又善解人意的语言，牺牲了自己，成全了高志航："我知道你一生的志愿，你还是选择飞行吧，否则，你会衔恨终生，后悔一辈子的……国仇家恨不是儿女私情可以湔雪的，我会自己照顾自己，别为我操心。两个女儿，大的在沈阳有姑姑照顾，小的在你那里有婆婆爱护，我也无须牵挂。”

看过信后的高志航，心里翻江倒海，不是滋味。故乡沉沦，国恨家仇使他捏紧拳头咬牙切齿地喊了起来：“大丈夫在国难当头时，岂可优柔寡断，不如女子耶！”他含着眼泪给嘉莉亚回了信：

佳利爱妻：

9月19日一别，竟会成为我们的永别，昔日深情未及回报万一，然国难当头，又何以为家。我身为军人自当以身报国。为了国家的独立，民族的独立，民族的生存，为了把日本侵略者赶出中华，我决心毁家纾难，虽赴汤蹈火，亦在所不惜。儿女情长，一己之私，均置之度外，吾妻贤德，深明大义，窃以为不致怨恨于我，望吾妻自多珍重，并拜托养育女儿利利成人。

大德不遑言谢，深情无缘回报。届此即为路人，其感惶愧。然军纪严明，亦无可奈何也。权衡国家之难，自当舍家而为国矣。

高志航草于宁

从此后，他把对嘉莉亚的爱全部转移到小女儿的身上，只要有空，他就把小女儿友良打扮得漂漂亮亮的，带她到处去玩，让她感到快乐，以此来弥补她没有母爱的缺憾。

这时候的中国继“九一八”东北沦陷后，又处在一个危急的关头。

日本占领东北三省后，又处心积虑将上海作为入侵中国内地的桥头堡。他们先后制造日本僧侣被殴伤等事件，以此为借口要挟国民政府。1932 年 1 月 28 日，日本海军陆战队向驻上海的中国军队发动进攻。随后，日本海军派出军舰、飞机对上海市区狂轰滥炸，市民死伤无数。面对日本侵略者的暴行，中国第十九路军爱国将领蒋光鼐、蔡廷锴、戴戟等率驻上海的第十九路军官兵奋起还击，淞沪抗战爆发。

在历时 1 个多月的淞沪抗战中，为支持第十九路军的作战，国民政府航空署抽调南京的第六、第七两个航空队共 9 架战机和广州一个航空队 7 架飞机在上海和浙江两地进行了两次空战。中国年轻的空军首次参加抵御外敌的空战，他们英勇顽强，不怕牺牲，以生命和鲜血捍卫祖国的主权，涌现出了像石邦藩、赵甫明、黄毓全等英雄人物，为中国空军争了光，也为高志航树立了榜样。

黄毓全

黄毓全是广东台山县人，生于美国，毕业于芝加哥“西斯鲁”飞机场附设的三民飞行学校。1926年回国服役于广东空军。曾被国民政府派往苏联航空学校学习。回国后任广东航校飞行教官，后在中央空军任第六队副队长。1932年2月5日，中日第一次空战发生在当天。在广州结婚假满返回上海虹桥机场的黄毓全获悉其兄黄毓沛作为空军第六队队长，正在空中与敌机激战，他放下行装，立即穿上飞行服登上一架飞机起飞，谁知这架飞机刚刚在空战中受过伤，当飞机增速升高之际，骤然操纵失灵，飞机坠地，机毁人亡。黄毓全出师未捷身先死，成为中国空军为抵御日寇牺牲的第一人。牺牲时，年仅28岁。家乡人在县城东部石花山上竖立纪念碑，以示对英雄的怀念。

石邦藩是国民政府军政部航空署第二航空队队长。1932年2月26日早晨，集中在杭州附近的乔司机场的中央空军第六队的7架飞机正在发动，日军航空母舰上起飞的15架飞机密集编队来袭，队长石邦藩首先背上保险伞登上飞机，和战友赵甫明等8人驾驶7架飞机起飞迎战敌机。石邦藩的飞机从敌机编队右上方大角度向敌机俯冲攻击。激战中，石邦藩左膀中弹，发动机的3个气缸也中弹，遂高速俯冲脱离战斗，迫降于机场附近的田野上。后来，石邦藩被截去左臂，成为空军指挥官中的“独臂将军”。之后他被安排到中央航校担任新生队队长，每期新生入校，第一眼看到的就是石邦藩的独臂，这成了对学员励志的第一课。

赵甫明是广东三水县人，毕业于中央航校。那天，他和战友驾机起飞后，看到敌机正在围攻石邦藩，他马上冲入敌阵向敌机开火。但不幸被敌机机枪击中胸部身负重伤，但他还是忍着剧痛将飞机安全降落在乔司机场。赵甫明由于弹片深嵌肺中，需要切除半个肺。赵甫明知道肺被切除后，自己将不能再为抗战出力，遂坚决不同意手术，后因伤势过重医治无效去世，享年22岁。牺牲之前，赵甫明两次致信给其堂兄，表明心迹，嘱托后事：“国事阽危，弟决心殉国，母亲在堂，请兄照顾。”赵甫明牺牲后，国民政府将乔司机场更名为“甫明机场”，在其飞行过的机场上，用青石雕塑了一个酷似导航台的墓碑。这座宏伟的墓碑像位师长一样，天天目送航校学员们飞往蓝天、降落机场，福佑他们不断成长。2月26日也成为航校的抗日纪念日。其家乡三水县为表彰他为国捐躯的英勇行为，特建立纪念碑一座。

在淞沪会战中，还有一位外国义士飞行员让人敬佩，他就是美国人罗伯特·肖特。肖特是美国华盛顿州泰科玛市人，美国航空学校毕业，原来是美国陆军航空队飞行员。1930年应波音公司之聘来华，担任波音公司出售给中国的波音战斗机的试飞员和教练员。他抵达上海时，正遇淞沪抗战爆发。飞机装箱由船运沪后，先储放在码头仓库中，乘夜秘密运送至法租界一汽车公司，由外籍工程师装配，先试飞，再装航空机枪。肖特往返于宁、沪、杭机场，做试飞、护航等工作。2月20日，他从上海起飞开往南京，升空不久，就与3架日机遭遇。肖特常常看到日本飞机在中国天空上肆意盘旋，乱投炸弹，中国空军基地频遭轰炸，中国百姓家破人亡……这些都激起他对日本侵略者的憎恨。这时他充分发挥波音战斗机速度快的优势，与日军激战20分钟，击伤日机1架。2月22日

肖特

下午，肖特在执行从上海到苏州的巡逻任务时，又看到3架日机在空袭挤满难民的苏州火车站，肖特立即冲向日本机群，猛烈开火，将日本海军航空队小谷进大尉击毙。小谷进的飞机被击伤，由另一名飞行员驾驶迫降。小谷进是日本海军在空战中被击毙的第一名飞行军官。但是，又有3架日机从空中俯冲下来，肖特终因寡不敌众，不幸被其他日军飞机围攻，他的脑、胸、腰三处中弹，壮烈牺牲，飞机严重损毁。肖特是在中国路见不平、拔刀相助而献出生命的第一位美国飞行员。肖特牺牲后，国民政

苏州肖特义士纪念柱

府在上海虹桥机场附近为他建立了纪念碑，并为他举行了隆重的葬礼，追赠他为上尉，在他牺牲的地方——苏州吴县车坊乡浮漕港树立了纪念柱。

高志航在南京没能获准参加淞沪之战，非常郁闷。当他听到石邦藩和赵甫明、黄毓全、肖特等人的英雄事迹后，恨不得立即飞上蓝天与日本人拼一拼。

1932 年 4 月，高志航被派到中央航空学校高级班受训。中央航空学校位于杭州近郊的古镇笕桥，是在原中央军校航空班的基础上，于 1931 年春扩建为中央航空学校的，旨在培养各级空军人才。班上的学员为空军军官，教官为他们补授必要的空军技术与知识，分初、中、高 3 级，各 4 个月。初、中级班学习基本飞行理论和技术，高级班专习驱逐、攻击、侦察及轰炸飞行理论和技术。学生班招收高级中学以上文化程度、年龄在 18～24 岁、体格和心理健康并志愿飞行者。当时，在孙中山先生“航空救国”的感召下，全国各地的热血青年争相报考中央航校，他们经过严格考试来到这里，可谓百里挑一。所以，这儿集聚了众多的优秀青年，他们唱着航校的校歌，以满腔的热情在课堂上学习，在机场上训练。

中央航校的校歌中唱道：

得遂凌云愿，空际任回旋，

报国怀壮志，正好乘风飞去，

长空万里复我旧河山。

努力！努力！莫偷闲苟安，

民族兴亡责任待我肩！

须具有牺牲精神，

凭展双翼以冲天！

高志航一进中央航校的大门，就看到了他心目中的独臂英雄石邦藩队长，看到了导航台般的赵甫明的墓碑，看到了高耸的旗杆以及旗杆下炸弹体基座上镌刻的那段

中央航空学校校门模型

铿锵有力、掷地有声的誓言："我们的身体、飞机和炸弹，当与敌人兵舰、阵地同归于尽！"立志报仇雪恨的高志航热血沸腾，全神贯注地参加飞行训练和理论学习，取得优异的成绩，受到教官以及担任军事顾问和教官的美国飞行员的青睐。结训时，经过严格的选拔，高志航被留在笕桥航校任教，为上尉上级飞行教官。

对于高志航来讲，当飞行教官是驾轻就熟的。他在东北航校当教官时就充分借鉴法国主任教官冯窪和包毕斯校长以及日本教官三轮宽的经验，在严格要求、大胆实践方面有了初步的体会。现在，经过 4 个月的高级班受训，他又从美国教官那儿学到了不少经验，加上自己的刻苦钻研，胆大心细的飞行实践，他的飞行技巧更加出神入

小贴士

中央航空学校：1929 年，国民政府在南京中央陆军军官学校内附设航空班，1931 年改为军政部航空学校。1932 年迁到笕桥，航校扩大，改为中央航空学校，到 1937 年 6 月底止，共毕业 7 期，培训出飞行员 500 多人，这些飞行员成为日后国民党空军的骨干力量。

笕桥航空学校的飞行员雕像

化，使得受训的学员啧啧称赞，受益匪浅。当然，他对学员的要求也是非常严格的，加上这时候家乡沦陷，国家遭难，与嘉莉亚又被迫离婚，家仇国恨使他的心情非常糟糕，脾气也很大，学员稍有疏忽，就会被他大骂一通。好在学员们也理解他恨铁不成钢的心情，理解他肩上挑有千斤重担，所以都很配合他的教学和训练。

笕桥航校里的飞行员们

这一年，为了加快空军的建设，国民政府号召全国人民捐款捐物购买飞机。为扩大此项工作的影响，深入动员广大群众，军政部要求中央航校经常驾机编队到各大城市上空飞行，表演各种飞行技术，以期唤起民众对空军的重视，并响应政府募捐购买飞机的号召踊跃捐款。拥有高超飞行特技的高志航和他的学员一同参加了这项活动，获得极大的成功。

他们先是在上海表演。高志航带领高徒李桂丹、刘粹刚、刘志汉、郝鸿藻等共 24 名飞行员飞到上海上空表演。他们知道，上海刚刚经过淞沪抗战，人们抗战情绪高涨。如果他们表演成功，一定会让更多的群众了解空军，

笕桥航校师生在机场

认识空军在抗战中的重要作用,可以更好地动员群众捐款购买飞机,壮大空军的力量。飞行员们在高志航的带领下,豪情万丈,个个精神抖擞地在空中表演各种飞行特技。飞机一会儿低空飞过,一会儿高空特技,看得人们眼花缭乱,一致喝彩。这时候的上海,飞机的轰鸣声和地上的掌声和喝彩声俨然融合为一支建设强大空军保卫国家的协奏曲,让人激动不已。

由于表演非常成功,这 24 位勇士成为上海市民仰慕的对象,英姿飒爽的领队高志航自然成了引人注目的明星。他被一名为他献花的上海姑娘注意到,她的名字叫叶蓉然。当时她在英浮士英文书院学习英文,并考取国际贸易局的英文翻译职位。当年年底他们结成了伉俪。高志航收获了第三段爱情。

民国时笕桥中央航校

这年的10月底，高志航带队在北平上空做了一次表演，又获得成功。这天，北平各大报纸都在头版报道了北平各界捐款购买了5架飞机献给国民政府，中央空军派遣飞行员驾驶飞机飞往北平做飞行特技表演的消息。这条消息使北平人民欢欣鼓舞，纷纷涌到南苑机场观看。这时的北平气候寒冷干燥，风沙滚滚。很多人既热切地期盼着飞机的到来，又担心这样的天气会影响飞机的表演。有一个东亚航空公司的职员不无忧虑地说："这种天气，连外国的大飞机都不敢飞，好几架都在石家庄落地了，我们的小飞机怎么能飞来？"说得大家更加担心了。但人们还是越聚越多，翘首企盼看到飞机表演。没多久，

高志航与叶蓉然合影，中为高友良

在天空的风沙声中传来了飞机的轰鸣声，远处的几个小斑点渐渐地飞了过来，人们激动起来，纷纷跑向飞机跑道旁，看到那 5 架飞机，1 架在前面，4 架分列两旁，构成 V 字形，飞机之间的距离就像用尺量好了似的，保持完美整齐的队形，低空飞过南苑机场。群众可以清晰地看到黄色的机身和机翼，看到领头的那架飞机上还插着青天白日满地红的旗帜。让大家奇怪的是，每架飞机机翼之间都用一根绳子联系着。原来，高志航为了要训练表演飞行员准确的距离感，特地用绳子拴着机翼，数机同时起飞、编队、表演、降落，始终保持着固定整齐的队形。5 架飞机在空中高度一致地做了几项高难度的升降、翻滚动作，赢得观众阵阵喝彩。

表演完毕，5 架飞机仍然以整齐的 V 字队形稳稳地降落在停机坪上，高志航、刘粹刚、刘志汉、李桂丹、郝鸿藻 5 名飞行员矫健地从机舱里跳了下来，观众立即将他们包围起来，军政部官员和北平地方绅士也都和他们握手致贺。随后，在停机坪举行了掷瓶命名典礼。

这次成功的表演，让军政部航空署的领导甚至蒋介石对高志航有了进一步的了解，对他更加信任和重用。

1933 年 12 月，航空署根据空防战争的需要，在中央航校内成立了驱逐队，高志航因在法国专修的是驱逐，飞行技术也是首屈一指，自然被选中担任了队长。

中国空军驱逐队队长高志航

当他接到由蒋介石亲自下达的驱逐队队长的任命时，他兴奋得彻夜未眠。他知道，国家如此重视航空事业，专门成立驱逐队，这是实现孙中山先生“航空救国”的重要举措，也是自己实现“航空报国”理想和报仇雪恨的极好机会，自己一定要把持机遇，竭尽全力把队员带好。他把在法国学习驱逐机飞行的情况做了一个回顾，将主任教官冯窪和包毕斯校长教授驱逐机飞行的精髓又一一罗列出来，进一步总结回味，思考着如何将这些经验传授给驱逐队队员们。

第二天一早，他就来到航校队部，集合驱逐队全体队员，对他们提出了希望和要求。他说：“我们这个队，是中华民国空军的第一支驱逐队，我们要成为革命空军的模范单位，才能不辜负最高领导对我们的期望。因此，我们训练要严、缠斗要狠、动作要快！”紧接着又把要求具体地予以说明，详尽而又明确。队员中既有他的学生又有他的同学，对他的严格要求早有体会，也知道他脾气暴躁，如不按他的要求来，他是绝不留情的。因此对他提出的要求都理解和支持。此后，在笕桥机场的上空，驱逐队的队员就开始了严格的飞行训练。

高志航对队员的要求主要体现在三个字上：“快”、“活”、“准”。快，就是动作要快。高志航认为，敌我之间的空中较量，首先比的就是速度，谁能先升空，谁就抢占了先机，可以居高临下地出击。他要求队员走路不能迈八字步，必须要跑步；吃饭不能细嚼慢咽，要狼吞虎咽，五分钟就要吃完。他自己以身作则，说到做到。一次吃饭时，值日官喊了开动的命令，大家都狼吞虎咽，他也大口大口的扒拉了几碗饭，看了看表，差十秒五分钟，扫一眼队员看到还有几个没有吃完的，就势对大家说：“我们当飞行员的，一切动作要快，快动作是靠平时训练养成习惯的。试想，敌人的飞机随时都可能飞临上空，空袭警报随时都可能发生，我们如果慢吞吞地吃饭，不是要饿着肚子升空迎战吗？所以，请大家注意，每餐饭从值日官喊开动起，五分钟之内就要吃饱吃完，放下碗筷。”为了不影响队员的消化，他要求本队的采买，买菜都要买好嚼好咽好消化的，厨师烧饭、烧菜都要软烂一些。

1933年11月20日，李济深、陈铭枢、蒋光鼐、蔡廷锴等人以第十九路军为主力，在福建发动了抗日反蒋运动。李济深等在福州召开“中国人民临时代表大会”，通电脱离国民党，并发起成立生产人民党，改民国二十二年为“中华共和国元年”，并宣布革命政府的中心任务是外求民族解放，排除帝国主义在华势力；内求打倒军阀，推翻国民党统治，实现人民民主自由，发展国民经济，解放工农劳苦群众。

面对中华共和国人民革命政府的成立，国民政府予以舆论攻击和军事镇压。12月下旬，蒋介石抽调进攻江西苏区的嫡系部队十余万人，以蒋鼎文为前敌总指挥，在海、空军的配合下，由赣东和浙江分路进攻，福建事变终告失败。

当时，高志航所率的驱逐队也被指派参加了掩护陆军全线发动攻击的任务。他以一种十分矛盾的心情执行了这项任务。一方面，他非常痛心，当此国难当头的紧要关头，我们国内还不能一致，纷争不已；另一方面，队员们整天训练，在空中飞来飞去，从来没有真正打过仗，这次是一个难得的实战机会。他带领队员们，按照上级的要求先是携带了大批的文告《告十九路军将士书》，飞到福州上空撒下去，劝导第十九路军官兵自动投降；继而配合国民党陆军全线攻击第十九路军。战事结束后，高志航被晋升为空军少校，但仍担任驱逐队第一队队长。同年 7 月，改队号为空军第六队，他任队长。

1934 年高志航(左)与上海市长吴铁城

经过这次实战锻炼，驱逐队队员取得很大的进步。特别是高志航针对队员在实战中暴露出来的问题，从技术上、战术上、配合上以及通讯联络上一一进行分析总结，提出了更加严格的训练要求。

高志航的爱国热情以及他的飞行技术、训练才能不仅在中央航校鼎鼎有名，而且得到蒋介石的肯定。鉴于当时欧洲先进国家航空事业突飞猛进，国内也急需培养一些优秀的航空人才，蒋介石决定派高志航专程前往意大利考察空军建设，研究“杜黑主义”，学习欧洲国家空军独立作战的战术，购买一批适合中国的战斗飞机。为此，他单独召见了高志航，对高志航提出了具体的要求，激励他认真向欧洲先进国家学习，回国后为建设中国强大的空军贡献更大的力量。

1935 年 9 月，带着蒋介石的重托，高志航搭乘意大利 VO21－EROSSO 号邮轮赴意大利，开始了他 6 个月的考察购机之旅。

蒋介石要高志航研究的“杜黑主义”，是意大利空军理论家杜黑创立的。杜黑（1869—1930）是一个很注重学习和钻研科学技术的意大利军人。当飞机还仅仅用于竞技和表演，军事航空还处在气球与飞艇的时代，杜黑就敏锐地意识到飞机在军事领域的发展前景，着手对航空技

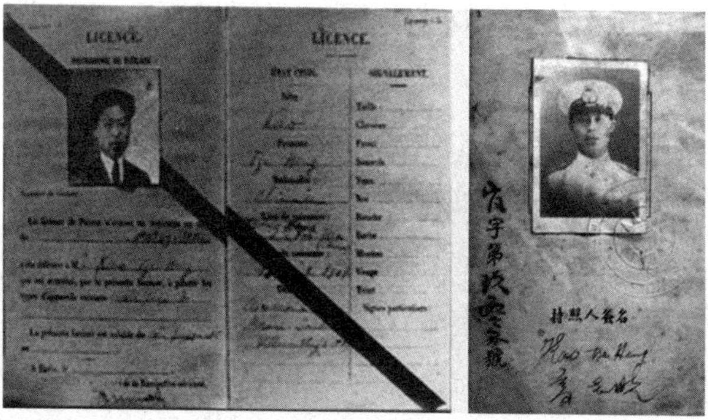

高志航出国考察时用的护照

术用于军事领域的可行性及其发展前途进行深入细致的研究。1909 年，杜黑发表了一篇文章，披露了他的研究成果。杜黑认为，飞机用于战争将彻底改变战争的面貌，引起战争革命：战场上将出现新的军种——空军；新的战争领域——空中战场；新的战争样式——空中战争；新的军事学术——空中战争理论。他在文章中明确写道：“从现在开始，我们有必要熟悉关于空中作战的概念。所有航空兵部队必须按照现在支配陆、海军的类似观念加以组织，只是要考虑空中作战的特点……作战飞机必须能用于空中作战和对付其他空中武器，而不仅是用于执行特定任务如观察、联络等。陆军和海军不应把飞机看作是只能在特定环境中起某种作用的辅助力量，而应把它看作是战争家族中诞生的第三位兄弟……空中力量将自动地、不可避免地急剧增长，航空将不可避免地引发意义重大的空中作战。我们必须习惯于空中作战思想。要有空中战争的概念……”1912 年 6 月，鉴于飞机在意土战争中的杰出表现，意大利政府决定，

杜黑著《制空权》书影

在航空连的基础上组建一个航空营，并任命杜黑为航空营营长。第一次世界大战中，他任米兰师参谋长，期间因激烈批评意大利陆军司令指挥无能，被军事法庭判一年监禁。当战争的结果证明他的理论是正确的时候，杜黑被重新起用，先后任航空局局长、航空部部长等职，获少将军衔。但不久他就辞去军职，潜心从事研究著述。1920 年底，在意大利军事当局的支持下，他的专著《制空权》出版了。在这本专著中，杜黑更加系统地论述了空中战争理论：飞机作为进攻武器具有无可比拟的潜力；预计没有能抵御飞机的有效防御；对居民区的集中轰炸将摧毁敌方人民的抵抗意志。著作出版不久，杜黑即从军中退役，专注于他的研究。

杜黑在世时，世界各国空军发展还处于初级阶段，他的理论许多是带有预测性的。后来这本奠定制空权理论基础的著作风行于世界，引起各国对空军建设的关注。比他小 10 岁的美国航空兵军官米切尔与杜黑遥相呼应，接连在报刊上发表文章，介绍战略轰炸理论，主张美国应当建立独立的空军。米切尔是从飞行员逐步升为将军的，因此他的空战理论更加贴近实际，他是公认的美国空军的创立者。他于 1925 年将文章汇编成书，取名《空中国防论》。到第二次世界大战时，空军已发展成为一支独

小贴士

意土战争：意土战争是第一次世界大战爆发前的几场局部战争之一。意军在拥有较大优势的条件下，取得了战争的胜利。

意大利航空队在意土战争中的成功初步显示了飞机的威力，预示了现代战争的战略、战术将发生革命性变化，从而引起世界各国军方的瞩目和效仿，并极大地促进了军事航空业的发展。

立的力量，在战争中起了决定性的作用。

身穿军装的高志航

早在法国学习时，高志航就接触过“杜黑主义”。这次到意大利，高志航进一步研究了杜黑的理论，考察了航空工厂和空军独立战斗训练，以及空军建设的实况，和意方洽谈了来华设厂等事宜，收获满满地结束了意大利的考察。回国途中，经过法国时，他看望了昔日的师友，与牟拉纳航校主任教官冯窪和伊斯特航校校长包毕斯又做了深入的交谈，由于彼此的情况有些相似，腿都有些跛，有许多共同的话题和体会。在法国，高志航还会见了法国空军方面的领导人物，请求他们允诺将来代为训练中国空军的地勤人员。

6 个月后，即 1936 年 4 月，高志航带着满箱关于空军建设的书籍和满脑子的想法返回国内。回国不久，高志航就将考察的情况和自己的所思所想写成了考察报告，呈报上级，主要观点是：

一、我本军人不宜问政之态度，认为法西斯及墨索里尼之作为似均不合中国国情；

二、我们应精研如何努力以建立为空军大国；

三、我已拟妥腹案，提出计划，请意国提供我大量的航空练兵技术及所需之器材，并洽商来华设厂；

四、已会见多位航空工程师、工厂厂主，请彼等代训我国航空人员；

五、意大利之飞机性能尚未达到世界标准，唯其所造之费亚特级飞机尚合我国国情需要；

六、杜黑主义以空军为主，有黩武之嫌，倘以空军一枝独秀，则其他兵种又将如何；

小贴士

驱逐机：驱逐机，多数国家称作战斗机。今天中国空军和海军航空兵称为歼击机。其主要功能为：同敌战斗机空战，夺取制空权；拦截来犯的敌轰炸机、攻击机，保卫己方的空中安全；歼灭敌侦察机，进行空中巡逻等。其也可以对敌地面、水上目标攻击，配合己方陆、海军作战，为一国空中力量主力。中国空军第三、第四、第五大队为驱逐机大队，在抗战初期主要使用美国驱逐机，中期装备苏联驱逐机，后期又引进美国驱逐机。

七、我国空军正在萌芽阶段，宜投下大量人力、财力，加紧训练，努力建军，应可接受未来挑战。

高志航的报告，受到航空委员会领导的高度重视。军政部非常欣赏他严词拒绝意大利军火商为兜售落后的飞机向他重金行贿的行为，决定从美国购买霍克-3式驱逐机。蒋介石又一次接见了他，听取了他的考察报告，慰问勉励了他。空军没几天又任命他为空军教导总队副总队长。该总队下设两个组，一为驱逐组，一为轰炸组，高志航兼任驱逐组主任。总队设在南昌。

在这段时间里，高志航把过往在法国、意大利学习的空中驱逐战术、战技加以梳理，然后制定了一套新的驱逐战术，用来训练驱逐组的飞行员。每一位飞行员都要经过他亲自训练、亲自带飞、亲自测验，一定要全部合格，才能通过。

1936年7月，高志航调任空军第六大队大队长。同年12月，高志航又调任空军第四大队大队长。

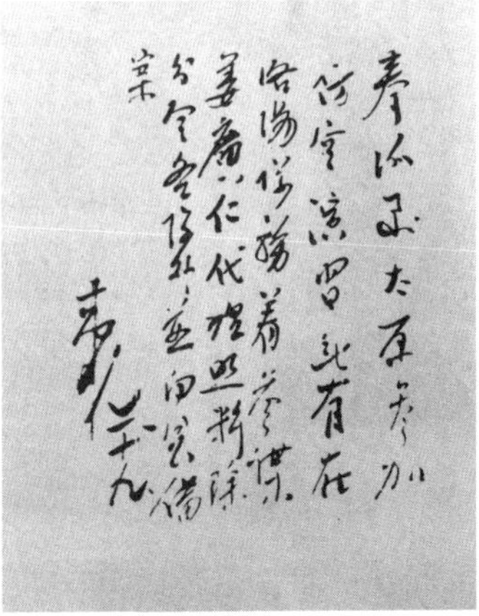

高志航手迹

第五章　秣马厉兵

中国空军第三、四、五大队是驱逐大队，但有时也执行轰炸任务。第四大队是主力大队，编制有三个中队，配备了 29 架飞机，其中有中国空军的主力机型霍克-3 式飞机 28 架，1 架福克·沃尔夫教练机，是几个大队配置力量最强的。作为主力大队的大队长，高志航深知肩上的担子非常重，更知道日军已经磨刀霍霍，中国空军要时刻准备飞上天空作战，为此他把精力都用在严格训练上。

在这几年的学习和实践中，高志航深深体会到，空军要真正能有战斗力，必须在快的基础上，具有两个方面的过硬技能。一是具备特技飞行的技能。要把自己的身体和飞机合二为一，操作飞机，就像使用自己的手指头那样灵活，俯冲、爬高、侧滚等必须运用自如，才可能在与敌机的纠缠斗争中取得胜利。二是具备特技射击的技能。他认为，飞行员要保卫自己、致敌机于死地的唯一办法就是在空中争取有利的位置后，射击一定要快、准、狠、猛。所以，他在日常训练中要求每一位队员在空中要根据战斗的情况改变自己的战术，要随机应变，灵活机动。训练打飞靶的时候，射击的准确度达到百分之百，达不到的就要受罚。

小贴士

霍克-3式飞机：霍克-3式是美国寇蒂斯公司在20世纪30年代生产的海军战斗机的改型，原名为F11C-3/BF2C-1式，出口型代号为“鹰”Ⅲ。而“霍克”就是英文“鹰”(Hawk)的译音。霍克-3式驱逐机是当时中国空军最先进的驱逐机，也是“八一四”空战中国空军主力战机。空军英雄高志航、吴鼎丞、阎海文都用过这种战机，它具有独特的双翼，大发动机罩，起落架可收在机身两侧等显著特征，很容易辨认。该机除可空战外，还可进行俯冲轰炸和执行侦察任务。

霍克-3式在中国伟大的抗日空战史上占有重要的位置。特别是这种机型跟中国许多抗日英烈的名字联系到一起，更是历史的见证者。

霍克-3式驱逐机

为解决“活”和“准”的问题，高志航经常在飞行训练完毕后把队员集中到跑道上，检讨飞行中的问题。有一次他就飞机被敌机咬住尾巴射击时，怎样予以摆脱的问题和大家一起研讨，他说：“如果发现敌机在你的座机背后追上来咬住你的尾巴，越逼越近，你就应该立即采取应变措施——马上翻一个筋斗，然后将机身拉高，绕到敌机背后，出其不意，反咬住它的尾巴，变被动为主动，这时就可以按钮射击。”有的队员认为这个动作难度太大，为难地说：“向外那样翻筋斗再立即拉高，离心力太大，飞机和人都受不了抗力，很难做到，恐怕不行。”“谁说不行？那种抗力也只是片刻。我们要锻炼这种抗力和耐力！”高志航大声说：“当你被敌机咬住尾巴时，你除了翻身逃脱之外，没有别的办法，这个动作做不到，你只有挨打的份！”高志航知道，虽然他这样说，有些队员还是不能信服。为了现身说法，高志航一面转身奔向座机，一面跟队员说：“你们注意，看我的！”他发动引擎，飞到天上，在机场上空绕了一圈，飞到队员的头顶上，猛然做一个向外大筋斗，像鹞子翻身，把飞机飞向右下侧，然后又猛地一个急滚，机头一抬，只听一声刺耳的吼声，飞机已从后侧方重新爬升，又往机场上空穿云而过，这时如果真的有敌机，肯定已经换了宾主之位，被高志航的飞机咬住了尾巴。高志航着陆后，神色从容地走向大家，大声地说：“在我们队

位于南京抗日航空烈士纪念馆的仿制的霍克战机

里，没有‘不行’两个字，大家听到没有？”大家也大声回应道：“听到了！”于是，队员们都按照高志航的要求严格训练，特别是在两架飞机模拟追咬上下功夫，经常做鹞子翻身的动作，变换宾主之位，争取在战场上取得主动权。

高志航的“准”，就是在打击敌人时，一定要瞄准它的要害部位，而且要百发百中。这对队员们来讲难度太大了，有的队员就发起了牢骚，怪高志航要求太苛刻，太不近人情。这话传到了高志航妻子叶蓉然的耳朵里，叶蓉然很为丈夫担心，但又知道丈夫的性格，不敢直接劝阻，只是在夜晚睡觉前小心翼翼地暗示高志航，希望他不要过于心急，让队员有一个适应期，否则，会引起队员的反感，训练的效果也会打折扣。高志航听了后，敏感地意识到，在队员的观念里，高志航要求他们射击准确率百分之百，是在跟他们过不去，是不顾队员的死活。他们不懂得训练时要求严格，才是对队员最大的爱护。高志航对妻子说：“其实，我是恨铁不成钢，恨不得每位队员都成为厉秋芬式的飞行员。”他看妻子茫然的样子，知道她不懂得厉秋芬的故事，就给她讲了在第一次世界大战中德国飞行员“红武士”的故事。

“红武士”曼菲德·封·厉秋芬是世界空军史上最负盛名的德国空战英雄。在第一次世界大战中，他创下了

封·厉秋芬

击坠80架敌机的纪录,更创立了现代空战战术,建立了长机、僚机协同作战的模式。他虽然不会作漂亮花哨的特技动作,但枪法奇准,更难得的是沉得住气,如同潜伏草丛的花豹,不到最后关头决不现身攻击。所以他很少浪费子弹,只要扣下扳机,一定是全数送到敌机身上。也由于他精准的射击,百分之七十以上被他击落的飞行员都死在驾驶座上。对那些幸存的飞行员,厉秋芬也不忘向他们致敬。英国飞行员罗德辛·刘易士就回忆道,当他被击中迫降地面后,厉秋芬低飞过来盘旋一圈,临走时还向他挥手致意。所以,厉秋芬也赢得敌人的尊重。英国空军在他死后为他举行了隆重的葬礼。世界各国空军学校都将《德意志的红武士——厉秋芬男爵传》作为训练必读的教材。

高志航对妻子说:"有人说我飞上天空就是个亡命之徒,对队员要求太苛刻。其实,谁不爱惜自己的生命?但是大家都珍爱自己的生命,不敢拼命,不肯牺牲,谁来保卫国家?一旦当了亡国奴,那是生不如死,国破家亡,光有个生命有什么意义？我要求大家平时多拼命，就是为了战时少流血，少牺牲。”妻子听了连连称是，不再多说什么。

自此以后，高志航虽然在态度上缓和了许多，但在训练要求上更加严格。他决心把自己所带的队伍打造成一个平时训练绝不马虎，各种比赛都要争取第一，上了战场个个都能像“红武士”那样，让敌人胆战心惊的空军部队。他知道队员中还有有怨言的，还有胆怯的，他就以身作则，要求队员做到的，他首先做到，为队员树立榜样。

比如，他要求队员打飞靶的命中率要达到百分之百，他就带头实现这个目标。在那个阶段，他每次检查队员打的飞靶，弹着点与发射总数总是差那么一点，平均起来，中弹率达到百分之九十，在一般人看来，已经很好了，但高志航还不满意。他把队员集中在一起，教训了起来：“平时用轻松的心情打飞靶，尚且不能百发百中，那到了

第四大队飞行员合影

真正与敌机在空中缠斗时，在紧张的心情下我们的射击率还能提高吗？要知道，战时，你打不中敌机，敌机就会把你打下来！”他越说越激动。最后，更加严肃地要求大家：“限在一个月内，大家勤练，务必要使打飞靶的命中率达到百分之百！”当时有些队员仍有一些畏难情绪，高志航就利用中午的时间，叫队员乐以琴驾驶战机拖着飞靶，飞到鄱阳湖上空，他自己驾了战机尾随其后。瞄准飞靶，按钮射击，然后回来检视靶板。第一天，命中率百分之九十五。第二天，百分之九十七。第三天，百分之百。他叫乐以琴通知值日官集合队员，让队员检视了飞靶，并让乐以琴把他三天中午不休息，飞到空中打飞靶的事情说给大家听。高志航跟大家说：“这是我三天的成绩，大家看看。有的人说做不到，我能做到，大家一定能做到。”队员们一个个立正站着，两条腿直直地绷着，谁也不敢吭声，心里对高大队长又佩服又害怕。高志航继续

乐以琴

给大家做工作，并进一步提出要求："以后大家少说泄气的话，多在训练上下功夫。从明天起，每个同志都要练到百分之百的命中率，拿着飞靶来见我。否则，不准休假！"

天下无难事，只怕有心人。空军第四大队的队员在高志航的带领下，个个都练出了一流的射击技术，飞靶射击命中率达到百分之百。第四大队的士气大振，名声大噪。在同一基地训练的第五大队也受到鼓舞和刺激，队员们也个个不甘落后，跃跃欲试，要和第四大队比试比试。中队长刘粹刚也仿效高志航的训练方法，要求队员们在紧急起飞、飞行特技、飞靶射击等方面都要向第四大队看齐，动作要快，搏斗中要活，射击要准。经过一段时间的努力，第五大队的战斗力大大增强。高志航对此看在眼里喜在心里。他认为，中国空军这样子苦练，不出3年，就可以练成一支坚强的空中武装部队。到那时，就不怕日本飞机肆意妄为了。他经常召集3位中队长李桂丹、毛瀛初和黄广汉讨论，如何通过进一步的努力，使第四大队在飞行技术上、在爱国思想上、在抗日信心上始终保持第一。

对此，3个中队长都心领神会。李桂丹信心满满地说："大队长放心，我们绝对有信心，队员们都像上足了发条的机器，劲头大得很，保持第一没问题！"毛瀛初说："第五大队想超过我们，还需要拼一拼呢。”

李桂丹

高志航考虑的则是另外一个层次的问题，他说：“我并不在乎第五大队是否超过我们，如果超过我们，而我们又达到了理想的水平，那岂不更好？事实上，我们都有数，以我们现在的水准，算是比以往进步、强盛多了，但是跟日本、法国、意大利的空军比起来，无论是在质上和在量上，我们的差距还很大。”

毛瀛初说：“那当然，日本航空队建军比我们早了十年，他们可以自己制造飞机，他们的飞行员又何止千人？我们起步太晚了！”

高志航很赞成这个说法，他说：“对啊，我就是急这一点。”他站起身来，在会议室里走了两圈，回头对几个中队长讲：“我们如果不夜以继日训练，练成一支强大的空军，就无法抵挡日机的侵袭。但是，我担心的是，在我们的空军力量尚未成规模，尚无坚强的战斗力时，日军就先下手摧毁我们。”他接着又说：“日本人看到我们这几年有很大的进步，绝不会放过机会。他们一定知道，等到中国强大

高志航(右)和李桂丹准备出击

了，睡狮醒了，他们就难以下手了。所以，如果我猜想的不错，在这一两年之内，他们一定会有动作。”

李桂丹接着高志航的话说：“如果再晚五年，我们就不怕了。”

“日本人等不了那么久了，我们要时刻准备着。”高志航说。

高志航的担心不是无来由的。那段时间，日本军队侵华的野心愈来愈明显，东北三省已被吞并，淞沪之战是日军的热身动作。这些，国民政府中许多人是清楚的，但由于蒋介石制定了“攘外必先安内”的方针，使得许多兵力被调动用于进攻工农红军或其他军阀，无法发挥一致对外的作用。形势不能不令人担忧。而从空中力量来说，抗日战争爆发前，日本陆军和海军航空兵的各型作战飞机和教练、运输飞机已达 2700 架，仅次于美国、法国和意大利，居世界第四位。开战时，日本陆军航空队共有战斗机 20 个中队、侦察机 15 个中队、轰炸机 14 个中队、混合中队 3 个。属于海军航空队的有 37.5 个陆上航空队，有3艘航空母舰及5艘水上飞机母舰。日本已基本上建立了独立的、能生产各式飞机和航空兵技术装备的工业基础。航空兵采用的技术装备，如通信、导航、空中照相等装备比较现代化。而且，日本为发动侵华战争进行了长期的准备，飞行人员都经过严格的训练，空中指挥和战斗能力都比较强，特别是日军官兵接受的是多年武士道精神的教育，作战凶悍顽强。而中国空军约有各种型号的飞机600架，这些飞机大多数都是从国外进口的，有的甚至是一次大战时的飞机，性能很差。所以真正能够在战时用于空战、轰炸、侦察的作战飞机不超过300架。国内虽然有一些航空修造工厂，但是基本上只能进行修理和装配。即使少量自行制造的飞机，许多部件也是进口的。中国还没有建立制造作战飞机和供应空军技术装备、军需物资的工业基础，战时补充必须依靠国外进口。飞行员的补充方面，抗战前全国有中央航校和原来各地军阀办的航空学校培养的航空人员1400余名，但多数是初级航空人员，有些还不合格，真正能够升空作战的只有300多人，主要是由中央航校培养的。所以及时补充能驾驶驱逐机、轰炸机等作战飞机的飞行员在当时是非常困难的。可以看出，这时候的中国空军无论是在飞机的数量、质量和装备的保障能力，还是飞行员的技战术水平以及补充能力方面，都处于劣势地位。

1936 年秋，军政部给第四大队下达了一个任务：10 月 31 日那天，在南京明故宫机场搞一次飞机特技表演，以为蒋介石庆祝 50 岁生日为由，进一步推动捐款购机活动。

位于南京抗日航空烈士纪念馆的高志航塑像

这几年，国民政府军政部门一直想把空军建设成为现代化的军种，但苦于中国科学技术和经济基础薄弱，经费短缺，不能大量购买新式飞机，因而使中国空军的战斗力和日本相比差距很大。1933 年，国民政府以发行“航空奖券”的形式发起了一个全国民众捐款购买飞机的运动。经过巡回表演加大宣传，民众捐款 1 亿元以上，支持国民政府从美国购置了一些霍克-2 式飞机。1935 年至 1936 年全面抗战前夕，为了增强民众抗日的信心，为了更深入地开展捐款购机活动，军政部发起了以给蒋介石祝寿为名的“献机祝寿”活动，并决定在蒋介石“五十寿辰”时，举行一次“献机祝寿”典礼。届时，由高志航带队进行排字表演和飞机特技表演。

高志航十分清楚，要提升民众的抗日信心，激发大家捐款购机的热情，一定要让民众了解空军，特别是要让大家都认识到空军在抗日斗争中的巨大作用，这次表演就要起到这样的效果。所以，高志航接受任务后，更加严格地开始了训练。

军政部要求的排字表演，就是要飞行员驾驶飞机在空中飞行时排成“中正”和“五十”四个大字，以突出“献机祝寿”的主题。这个要求比高志航平时训练更高。高志航平时就非常注意飞行员的编队训练，他的训练方法别出心裁，为了让三架飞机保持相等的距离，他命令地勤人员拿麻绳将飞机联系起来，让飞行员同时滑行，以等速度冲场、起飞，在空中编队飞行，然后三机并排同时降落，一齐滑回停机坪，同时刹车停妥，他则在机场跑道尾检查，如果三机之间的麻绳断了，就要他们重练，直到成功为止。现在要排字表演，难度更大，高志航就以三机并肩齐飞的技术为基础加强训练，以保证成功完成表演任务。

1936 年 10 月 30 日，军事委员会委员长蒋介石“五十寿辰”的前一天，在国民政府首都南京的明故宫机场，搭建了一座巍峨而庄严的宫殿式的主席台。主席台上，布置着古色古香的大寿堂，四周国旗飘扬，好不壮观！在台前，十几架崭新的霍克-3式驱逐机整齐地排列着。每架飞机前端都覆盖着绸制国旗，又以五彩丝绳在飞机的螺旋桨轴上系着绍兴花雕酒，代替香槟酒。

在机场列阵的中国空军新式飞机

31日天刚亮，高志航就带领一批飞行员驾机在南京上空绕行，做各种特技动作，以此提示南京民众到明故宫机场参加“献机祝寿”典礼。早上8点多钟，各界230多个单位的代表以及民众数万人集聚于机场，盛况空前。

典礼由国民政府主席林森亲自主持。他身着长袍马褂，头戴呢帽，显得十分庄重。主席团由吴铁城、何应钦、陈果夫、周至柔等人组成。

林森宣布典礼开始，吴铁城致开幕词，周至柔报告献机筹备的经过。王柏龄代表各界献机，宣读献机词，并且将玻璃锦盒中的精巧木制飞机模型献上，由何应钦代表接受。

就在这献机仪式的军乐声中，空中飞来3个梯队的飞机，低飞通过主席台，向大家致敬。数万民众发出一阵阵欢呼声。飞机过去后，待大家目光回到主席台时，司仪引导民众向寿堂行三鞠躬礼，军乐队伴奏，唱祝寿歌。歌毕，又见两组飞机飞来，一组编成“中正”二字，一组编成“五十”二字，由南向北，排列整齐地通过会场，机上飘下彩色传单，民众争相拾阅，欢声雷动，情绪高涨。这时，又见机场总指挥石邦藩一声令下，在场的十几位英姿勃发的飞行员立即在新机前集合，另外有南京市从各高级中学选派出来的十几个女学生也集合在新机面前，每人手中拿着一把系有彩带的小榔头整齐地站在那儿。待军乐声再度响起，何应钦走到新机面前时，司仪一声令下，女学生们手举榔头落下，酒瓶玉碎，香气四溢，掌声响起。接着，以高志航为首的3名飞行员快步登机，迅速发动，平稳滑行，以三机编队形式起飞，直上蓝天。当飞机在机场上空绕行时，民众看到三机编队整齐做着各种高难度的特技动作，机场上的群众凝神屏气昂头看着云天上的精彩表演，十几分钟以后，表演结束。民众沸腾了，他们没想到中国空军有这么优秀的飞行员，他们有这么优异的飞行技术，中国空军成长起来了！中国空军有希望，中国抗战有希望！当高志航带队滑行到机场时，群众立即蜂拥而上，把几个飞行员围了个严严实实！

“献机祝寿”飞行表演中，高志航率领战机编队飞越南京上空

“献机祝寿”活动提高了中国民众对空军的认识，扩大了空军的影响力，提振了国民抗战的信心，也进一步推动了捐款购机活动的深入开展。当时“献机祝寿”活动共募集捐款 350 万元，加上海外华侨的捐款以及“一县一机”和义演献机活动，国民政府筹措了不少购机经费，可惜当时考虑到各国飞机制造业发展迅速，飞机型号和性能日新月异，一种飞机出世不到两年就会被另外一种更新式的飞机所取代。这样，靠购买外国飞机来武装中国的空军，就会白白浪费有限的经费。因此，航委会秘书长宋美龄提出只引进少量外国先进飞机，暂停大量购买外国飞机，将空军经费存在香港的银行里，将来需要时再随时购买。全面抗战爆发后，急需补充飞机，但日本海军封锁了中国的海面，中国从国外获得飞机非常困难。

1937 年 5 月，高志航晋升为空军中校本级，奉命率领第四大队飞驻南昌机场集训。高志航把第四大队的官兵和飞机都移驻到南昌，还把家眷迁到南昌，住在机场附近的空军宿舍里。这时，妻子叶蓉然为他生的儿子高耀汉已经 2 岁了。

高志航率领第四大队到南昌不久，第二大队也来到南昌集训。第二大队是轰炸部队，大队长是张廷孟，副大

刘粹刚登上战机

队长是孙桐岗，下辖3个中队。空军方面调动频繁，大有“山雨欲来风满楼”的势头，让人不由得产生一种紧张情绪。高志航默默观察，心中已经有数，盼望多年的事情可能就要实现了。这时候的他，更是每一分每一秒都不放松，自己带头，率领队员们苦练空中缠斗和射击技能。

有一天，他正在机场上空做单机教练飞行，正好发现第五大队中队长刘粹刚也在空中飞行。刘粹刚曾是他的学员，是一个出类拔萃的飞行员。今天正好遇到，可以比试比试，切磋切磋。于是，他就在旁边一个侧滚，做出高难度的特技动作，往刘粹刚的战机前面直冲，刘粹刚看到了，也如法炮制，做了一个同样的动作，躲开了高志航。高志航想，好小子，跟我飙开了，好吧，我们飞飞看，正好练一练！高志航一咬牙，在空中快速飞出各种高难度的动作，而刘粹刚也不示弱，同样做出各种特技飞行动作。他们互相追逐竞技，看得机场上的队员眼花缭乱，大呼过瘾。当然，姜还是老的辣。最终，高志航还是技高一筹，刘粹刚跟不上了，径自摇摇机翼，朝旁边飞离。高志航又独自做了几个动作才降落下来。下机后高志航走近刘粹刚，拍拍他的肩膀，赞许地说："粹刚，飞得不错！"刘粹刚感佩地说："还是高大队长飞得好，我得好好向你学习。"

这两个空军英雄日后分别被赞称为"空军战神"和"中国红武士"，都为中国的抗日作战，为实现他们保家卫国的理想献出了宝贵的生命。而这时的他们，都在蓄势待发！

小贴士

刘粹刚：中国空军著名抗日英雄。1913 年出生在辽宁昌图。中央航空学校第二期毕业。1937 年抗日战争全面爆发时，任中国空军第二十四中队中队长。8 月 14 日凌晨，首先率领第二十四中队从扬州机场出发攻击上海的日军军舰和阵地。在 2 个多月空战中，共计击落日机 9 架，击伤 2 架。10 月 26 日，在山西前线壮烈牺牲。

第六章 辉煌空战

1937 年 7 月 7 日，日本帝国主义者开始全面侵略中国，发动了震惊中外的“卢沟桥事变”。当时，日本没有单独的空军军种，空中力量分属于海军和陆军航空队。7 月 11 日，日本陆军航空队和海军航空队订立了合作协定，意欲在对华作战开始时就通过集中兵力急袭歼灭中国空军主力，夺取中国制空权，同时策应地面部队和舰艇作战。进攻华北以陆军航空队为主，入侵华南以海军航空队为主，华中由陆、海军航空队协同作战。陆军和海军航空队首先各准备使用飞机 240 架和 220 多架作战。

这时的中国，经过“西安事变”后，蒋介石接受了张学良和杨虎城关于“停止内战，联共抗日”的主张，结束了十年内战的局面，第二次国共合作和抗日民族统一战线初步形成，全面抗战开始了！

“七七事变”发生的第二天，中国共产党中央委员会就通电全国，呼吁：“全中国的同胞们，平津危急！华北危急！中华民族危急！只有实行全民族抗战，才是我们的出路!”并且提出了“不让日本帝国主义占领中国寸土!”“为保卫国土流最后一滴血!”的响亮口号。蒋介石也提出了“不屈服，不扩大”和“不求战，必抗战”的方针。驻守北平的中国第二十九军司令部在日军突然发动炮击卢沟桥时，就立即命令前线官兵：“卢沟桥即尔等之坟墓，应与桥共存亡，不得后退。”守卫卢沟桥和宛平城的第二百一十九团第三营在团长吉星文和营长金振中的指挥下奋起抗战。这时，全国各界人民抗战热情高涨，对在卢沟桥战斗中英勇抗敌的第二十九军，给予热烈的声援。各地民众纷纷组织团体，送来慰问信、慰劳品。平津学生组织战地服务团，到前线救护伤员、运送弹药。卢沟桥地区的居民为部队送水、送饭，搬运军用物资。长辛店铁路工人迅速在城墙上建好防空洞、挖好枪眼，以协助军队固守宛平城。

卢沟桥事变发生时，中国空军的大部分飞机集中在南昌。为了统一指挥中国空军的抗战，国民政府航空委员会设立了空军前敌总指挥部，周至柔为总指挥，毛邦初为副总指挥，直接指挥中国空军的对日作战。前敌总指挥部拟定了空军作战方针：“集中使用，奇袭敌空军根据地，逐渐消灭敌空军之实力，而作持久战、间接协助陆军取胜为目的。”华北作战计划为：以主力奇袭天津、丰台等处，摧毁敌陆军根据地，以空军一部担任东南方向的侦察和警戒。7月底8月初，空军前敌指挥部命令在南昌集训的空军部队飞往河南周家口待命，随时参加华北的抗日战斗。

高志航率领的第四大队于8月6日飞抵周家口机场时，因风大云厚、队形混乱，有的飞机未按时到达，在其他机场着陆加油，次日才到。但这次高志航却并未发火，他一反常态微笑着对大家说：“这点挫折没有关系，谁只要打下日机，我就嘉奖他。”队员们平时就当成战时训练，总是在严阵以待，这时要有仗打了，个个摩拳擦掌，恨不得马上飞上天空和敌人干起来。地勤人员也做好了各方面的准备工作，收拾好了工具箱，随时准备出发。

老天不长眼，周家口接连下了几天雨，队员们天天在机场待命，飞行装穿戴齐全，严阵以待，不敢有丝毫怠慢。可是，这一等等了好几天，队员们都焦急起来。直到8月13日，才传来消息：日军在上海攻击中国军队了，战火已经从华北烧到了华东。队员们个个义愤填膺。高志航悲愤地对队员们说：“我们一显身手的机会到了，今晚大家好好睡觉，睡足了好打仗！”可是，大家哪里睡得着，好不容易挨到天亮，听到了上级的密令：第四大队移防杭州，大队长高志航赴南京领命！

原来这时的日军在侵占华北的同时，又向淞沪地区增派兵力，将海军第三舰队停泊在黄浦江、舟山海面和杭州湾，日本海军陆战队则盘踞在上海杨树浦、虹口一带。8月9日，日本海军上海特别陆战队西部派遣队中尉队长大山勇夫及一名士兵驾车强行闯入虹桥机场挑衅，被中国守卫队击毙，日方要求中国政府撤出上海的保安部队，拆除防御工事，被中国政府拒绝。8月11日下午，蒋介石下令向上海进军，早已做好准备的张治中所部3个师迅速行动，于次日晨进驻上海闸北、杨树浦、江湾等地。8月13日傍晚，日本海军上海特别陆战队向中国八十八师射

中国空军机群出击上海

击，中国军队还击，随即发生战斗，“八一三”抗战爆发。鉴于上海的危急形势，中国空军不得不改变原定的北上作战计划，抽调兵力南下，将主力向华东集结，迎战日本侵略者。

8月14日凌晨，中国空军各部队奉命出击，正式开始对日作战。第五大队第二十四中队中队长刘粹刚从扬州机场起飞，首先轰炸了停泊在上海附近白龙港的日舰。第三十五中队的5架轰炸机轰炸了设在上海日商公大纱厂的军械库、汇山码头等地的敌军据点。上午，第五大队丁纪徐大队长率队在南通附近击中敌驱逐舰1艘。下午，第二大队又轰炸了公大纱厂、汇山码头和四川北路日

飞行中的日本海军九六式陆上攻击机

本海军上海特别陆战队司令部。这些轰炸给日军造成很大损失。为了报复中国空军，日本海军第三舰队司令长官长谷川清命令驻台北的日本海军鹿屋航空队立即出击。

日本鹿屋航空队分为两个袭击队：以浅野楠太郎少佐指挥的9架九六式陆上攻击机袭击广德机场；以新田慎一少佐率领的9架九六式攻击机袭击杭州笕桥机场。下午14时50分，18架陆上攻击机从台北松山机场起飞，飞越台湾海峡后进入大陆领空，经青田过温州，在永康附近兵分两路，分头飞往预定目标，企图摧毁中国空军主力。

小贴士

日本海军九六式陆上攻击机：这是日本海军侵华战争前期使用的主要机种，主要用于攻击中国军队的机场及其他军事目标，1937年8月15日首次袭击南京就是该机，并多次对中国城乡实施轰炸。中国空军"八一四"空战中击落的也是该机。飞机代号为G3M，为三菱飞机制造厂于1936年定型制造。该机翼展25米，机长16.45米，最高时速372公里，最大航程4200公里，装有7.7毫米机枪3挺，20毫米炮1门，可携炸弹800公斤。

高志航率领的第四大队迎战的就是日本海军鹿屋航空队偷袭笕桥的 9 架九六式陆上攻击机。

“八一四”空战中被重创的日本海军九六式陆上攻击机

这天，华东沿海一带正值台风过境，长江中下游及苏浙两省笼罩在一个巨大的低气压下，暴风雨区域达 300 平方公里，风速达每秒 22 米。这个台风也影响到周家口，天没亮就哗哗下起了大雨。霍克-3 式飞机无法起飞，但队员们还是穿戴整齐，披挂妥当，只等一声令下，驾机而飞。

这时的高志航非常焦急，他身为大队长，平时十分严格地训练队员，现在是让这批精兵大显身手的时候了。谁知大雨下个不停，队员们被困在周家口动弹不得，上级指令要他们保卫笕桥机场，肯定是有情报探知日本飞机要空袭机场，如果第四大队不能及时赶到，那笕桥机场岂不是……高志航不敢往下想了。

也许是天无绝人之路，高志航正在想着，忽然听到有飞机的轰鸣声，他跑出门外一看，有一架民航空运飞机冒雨在周家口机场降落，正在缓缓地滑行到停机坪。“霍克-3式不能飞，这架民航机照样可以冒雨飞行!”他灵机一动，马上叫司机载他到停机坪，直奔那架飞机而去。

民航机上的外籍飞行员被雨困在机上，看到一辆汽车驶来，以为是接他的，大喜过望。谁知，高志航冒雨跳下车子，就往民航机上爬。“你是?”外籍飞行员疑惑地问:“你上飞机干什么?”高志航用英语告诉他，他是第四大队大队长，因战事紧急，请他用这架飞机送自己到武汉再转飞南京。外籍飞行员本就同情中国，怨恨日本，看到高志航很急很诚恳的样子，答应飞往武汉。

时间不久，高志航就转飞到了南京，在领了上级的命令后向航空委员会要了4架大型运输机，派他们飞到周家口去接运人员和器材到南京来待命，他自己则找来一架飞机，飞到了笕桥机场。

这时候，周家口方面的雨稍稍小了些，奉命随时起飞的第四大队队员们决定冒雨凌空，首先由第二十一中队中队长李桂丹带领9架霍克-3式驱逐机腾空而起，直飞杭州。紧接着，第二十二、第二十三中队的18架飞机也相继起飞，冒着恶劣的天气，朝杭州笕桥机场飞去。

笕桥机场仍然笼罩在烟雨之中，提前到达的高志航站在大雨中望着天空，焦急地等待着他的雄鹰。

李桂丹几乎是踏着紧急空袭警报降落到机场，飞机变成了舰艇，跑道的积水冲起白浪。李桂丹还未及停机，就听到有人喊道："快起飞，敌机来啦！"李桂丹长途飞行的疲倦一扫而去，他猛地一推油门，带着两架僚机冲上天去。其他陆续落地的飞机看着李桂丹飞上天空，又见高大队长正指手画脚向着他们怒吼，于是一拉操纵杆，又飞上了云天。

高志航大队长首战击落日本攻击机一架，创下中日空战全胜纪录

紧接着，高志航的Ⅳ-1号战机也由其他飞行员驾驶着从周家口飞来落地了。高志航冲过去跳进机舱，一拉机头，冲起几丈高的水花，箭一般地冲进云层不见了。

笕桥上空的云层很浓、很低，高志航冲出云层，在高空居高临下寻找着敌机。忽然，他看到从东南方向飞来一架大型的敌机，悄悄地从正对面的云层里钻出来。高志航心中大喜，手足并用地操纵着战机，迎头冲向前去，吓得敌机一掉头慌忙又钻进云层里躲藏起来。高志航又猛加油门，也紧跟着钻进云堆，心中想着敌机可能逃避的方向。他研究过日本航空队作战和飞行技术，知道敌人遇到这种情况将会采取什么措施应对。他咬准敌机要飞的方向，不断加油，转眼间横穿过云层，他眼前一亮，那架敌机果真就在他的视野之内。可狡猾的敌机一钻出云层，看见前面头顶上盘旋着四五架霍克-3式飞机，后面又有追兵，心里一慌，又想侧飞钻进另一堆云层中。这时，第二十一中队的谭文、刘树藩、金安一等人已经看到大队长从云层赶出一架日机，禁不住大喜，立即包围过来，开枪就射，可惜因射程太远，没能命中。而

被高志航及战友们击落的日本飞机残骸

郑少愚

敌机又躲进了云层。幸而高志航不动声色地紧跟不舍，尾随入云，待敌机进入射程，一排子弹出膛，敌机后座的机枪手中弹，没了战斗力。高志航紧追上去，对准敌机左边的发动机，又发射过去一排子弹。敌机中弹燃烧起来，一声巨响，爆炸起火，直落地面。这是中国空军飞行员在全面抗日战争中打下的第一架日本飞机。

高志航首开纪录！这给第四大队的队员极大的鼓舞。与此同时，李桂丹和柳哲生、王文骅组成的分队又发现了一架九六式陆上攻击机，他们兴奋起来，李桂丹一马当先，3 架飞机迅速包抄过来，扑向敌机。待到进入射程后，6 挺机枪齐发，火焰立即窜向敌机，待这架飞机的驾驶员反应过来想要钻入云层时，飞机已经中弹，像一只火球一样，连人带机一起坠落了下去。

还有一个分队，由王远波、张效贤和龚业梯 3 人组成，他们齐心协力，也重创了一架日机。分队长郑少愚等又重伤一架日机。此外，还击伤日机 4 架，其余的见势不妙，落荒而逃。

笕桥一战当场共击落日本海军陆上攻击机两架，即鹿屋航空队第三小队3号机、指挥小队3号机。被击成重伤的一架日机（第三小队2号机）在返航至台湾松山机场迫降时损毁。袭击广德的一架日机被击成重伤后，飞到台湾基隆以北海面迫降时坠海（第二小队2号机）。日机在笕桥空战中被击落、重创4架飞机，中国空军在空战中无一伤亡。但是，在地面的118号飞机被炸毁，两名飞行员阵亡。另一架飞机因油料耗尽而在田野里迫降，飞行员刘署藩殉职。

处于劣势的中国空军英勇作战，首战告捷，戳穿了日

被击落的日机残骸

本航空队不可战胜的神话，大长了中国军民的志气，增强了中国军民抗战的必胜信心。

空袭警报解除后，杭州城内人们从防空洞、郊外回到家中，家园未遭轰炸、完好如初。人们又从家中奔向街头、广场。报童高举着油墨未干的报纸如同举着胜利的旗帜，兴奋地喊着："号外！号外！请看号外！飞将军一战成功！六比零！大胜倭寇！""号外！号外！请看飞将军笕桥大战东洋鬼，六比零战果辉煌！"人们沸腾起来。紧接着，一曲英雄的赞歌一夜之间传遍了大江南北：

八一四，西湖滨，
志航队，飞将军，
怒目裂，血沸腾，
振臂高呼鼓翼升，
群鹰奋起如流星，
掀天揭地鬼神惊，
我何壮兮一当十，
彼何怯兮六比零。
一战传捷，举世蜚声。
……

虽然，当时中国方面关于战果的报道有所夸大，但是中国空军首次空中抗战的重大胜利是不可否定的。

而在日本航空队飞行员中也有了这一种说法：“我要是做了亏心事，出门就碰上高志航。”

为了纪念这个大快人心的日子，国民政府于 1939 年把 8 月 14 日定为“空军节”并于 1940 年首次举行纪念活动。

日本海军航空队不甘心 8 月 14 日在杭州上空的惨败，于次日对中国进行大规模的报复。15 日 7 时 20 分，鹿屋航空队陆上攻击机 14 架从台北出发，攻击南昌机场；9 时 10 分，木更津航空队攻击机 20 架从日本九州大村机场出发，袭击南京大校场和明故宫机场；“加贺”号航空母舰上的九四式舰上轰炸机 16 架、九六式舰上攻击机 13 架、八九式舰上攻击机 16 架，共计 45 架飞机也飞往浙江乔司、绍兴、笕桥、嘉兴等机场进行轰炸。

在日机轰炸下的南京

中国空军第四大队有了第一天打胜的经验，早有了再战的准备。当敌机快接近上空时，他们就驾驶着 21 架霍克-3 式飞机升空迎敌。高志航的战机在前引导，严阵以待敌机的来临。

不一会，“加贺”舰载机群来了。中国空军飞机虽然比敌机少，但飞行员们个个勇猛机智，不畏强敌。高志航看到了两架敌机，他首先盯住了一架日军轰炸机。只见这架飞机身涂彩绘，中间腹部贴一张“红膏药”。高志航很快将飞机飞到有利的位置，居高临下对准敌机俯冲下去，一直到距离只有 100 多米时，才把驾驶杆上的红钮按下去，两挺机枪同时开火，敌机引擎立即冒火，一个空中开花，散落下去。紧接着，高志航一个鹞子翻身的动作，咬住了另外一架敌机，本来他想迫降敌机，但敌飞行员不

空战中被中国空军击落俘虏的日军飞行员

肯就范，后排的枪手一排子弹打了过来，打穿了高志航的座舱，又射穿了他的右臂，贯穿了前面的仪器板，高志航忍着疼痛，瞄准敌机猛烈射击，打得敌机凌空开花。这时，他才用左手操纵飞机，平安着陆。

在这场空战中，第二十一中队中队长李桂丹在曹娥上空击焚敌机一架，又和第二十二中队分队长郑少愚协同击落敌机一架。分队长王远波和谭文分别在翁家埠和乔司上空各击落敌机一架，队员王文骅、苑金函和柳哲生分别在笕桥南和东南方向以及翁家埠各击落敌机一架。第二十二中队分队长乐以琴驾驶着 2204 号战机，先后击落击伤 4 架日军飞机，打得敌人魂飞魄散。此后，敌机飞

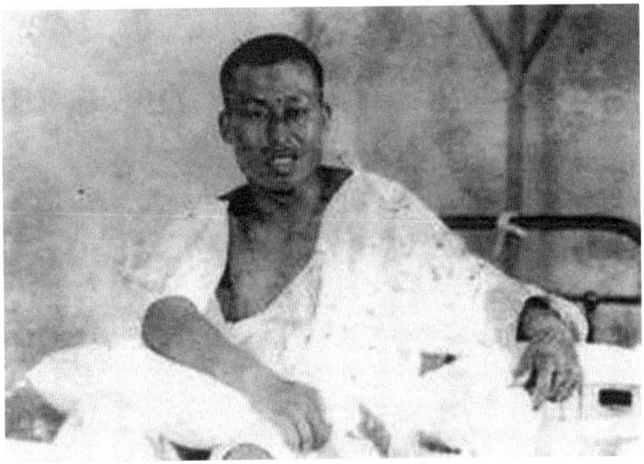

高志航在医院治疗

行员一见到中国 2204 号战机就主动避开，不敢交锋。第二十三队队长毛瀛初与分队长杨梦青、队员王荫华各击落敌机一架。中国空中健儿总共击落敌机 13 架，毙俘敌飞行员 20 人。敌军再次受到沉重打击。

高志航伤势很重，但他为了不影响队员们的士气，像往常一样自己爬下机舱，后被送到杭州广济医院治疗。消息传到蒋介石那里，蒋立刻致电慰问，并奖励 1.5 万元慰问金，指示空军接他到汉口治疗，后来又转到庐山休养。

高志航用一部分钱在庐山牯岭柏林路买了一栋房子，把夫人和孩子接来，在合家团聚中休养生息。

第七章　气贯长虹

高志航休养到9月底，再也待不住了，虽然医生一再告诫，他还需要静养一段时间，但他还是告别了家人回到南京。不久，高志航晋升空军上校，任空军驱逐机司令，指挥3个驱逐大队，仍兼第四大队队长。第四大队移驻南京大校场，协同第三大队保卫南京领空。

高志航回到南京时，蒋介石特地召见了他，鼓励训勉了一番，并亲书“吾引为荣”四个大字送给他。当他回到位于南京光华门里的第四大队队部时，受到队员们的热烈欢迎。经过几场战斗，队员们对大队长平时严格要求、战时才能战胜敌人保护自己的教学方针有了深刻的体会，对大队长的精湛技艺和深远的谋略以及突出的战绩崇拜不已。大家围着他问长问短，而他关心的却是霍克-3式飞机的性能问题。因为在庐山休养的时候，他无时无刻不在关注着中国空军的近况和前线的战情，知道日本的飞机不仅数量多，而且性能好。特别是日本海军最新投入作战的九六式舰上战斗机更是性能优秀，速度快，火力猛，非常灵活。相反，我们的飞机既少，性能亦差。就拿中国空军主力霍克-3式飞机来讲，霍克-3式原来是美国寇蒂斯飞机公司为美国海军航空队设计制造的舰上战斗机，代号是F11C-3(霍克-3是外销型代号)式，单发动机，最大时速360公里。机上装有带协调器的由三叶螺旋桨间隙发射子弹的机枪两挺，机身下可载500磅炸弹1枚，两翼下可载18磅炸弹8枚。实际上这是一种可以俯

小贴士

日本海军九六式舰上战斗机：日本海军航空队在侵华战争前期使用的主力战机。由三菱飞机制造厂1936年定型生产，代号A5M，翼展11米，机长7.56米，最高时速431公里，最大航程2270公里，装有7.7毫米机枪2挺。1937年9月，日本海军航空队将其用于华东，以夺取制空权。由于其性能优越，远超过中国空军的驱逐机，使中国空军损失很大。1940年，日本在该机基础上研制出著名的零式舰上战斗机。

冲轰炸用的驱逐攻击机，而不是专门用于空战的驱逐机。与日本的九六式战斗机相比，各种性能特别是速度和机动性能逊色，因而常常吃亏。高志航决心在改善霍克-3式飞机上下些功夫。

日本海军九六式舰上战斗机

高志航平时就是个肯懂脑筋，善于钻研，胆大心细的人。那时，中国的飞机都是从国外买来的，种类很多，有美国的道格拉斯、渥特、霍克飞机，有德国的福克·沃尔夫飞机，有英国的艾菲罗、法国的德瓦丁、意大利的菲亚特等。对中国的飞行员来讲，熟悉这些飞机的性能、特点要求很高。高志航为给大家做出样子，每次有新飞机来到，他都要将飞机从机头到螺旋桨再到尾翼，认真彻底地研究一番，然后一脚踏上飞机，发动，滑行，起飞，在飞行中去感觉飞机的性能和特点。尤其注重试验飞机在空中倒飞、侧滚、急转等特技中的性能与特点。降落后再仔细研究各部件和仪表配件。“理论——实践——理论”是他熟悉武器装备的一大特点。对他佩戴的手枪也一样，无论是左轮还是白朗宁，一拿到手，他都要拆开来研究一番，组装后再击发，再研究，这就使他对武器装备了如指掌，运用自如。

那几天，他总是站在霍克-3式飞机旁边，一边端详，一边思考。终于有一天他喊了起来：“有了！有了！有办法了！”

原来他发现霍克-3式飞机部分机件可以拆除，如前面的整流罩可以去掉，下油箱和机翼下面的炸弹架、落地灯，一般情况下根本用不着。去掉这些机件，霍克-3式

小贴士

日本陆军九五式战斗机：这是日本陆军航空队在侵华战争初期使用的主力战机，代号キ—10，双翼，单座，翼展9.55米，机长7.2米，最高时速390公里，最大航程1000公里，装有7.7毫米机枪两挺。

像卸下了马鞍的马，每小时可以增速50多公里，而且在爬高、俯冲等方面将更加灵活。

他的想法得到上级的支持，一些霍克-3式飞机都按照高志航的意见进行了精减，使得霍克-3式飞机更加精巧纤秀，灵活机动。大家驾着新的霍克-3式飞机出征两次，打了两个漂亮仗，把飞行员们乐坏了。

一次是刚改装好4架霍克-3式飞机的时候，情报传来，有两架日本海军水上侦察机由浏河向西南飞来南京侦察，高志航一跃而起，手指着刘粹刚、邹庚续和袁葆康3位队员说："快！我们上飞机！"4位勇士驾着刚刚改装好的霍克-3式飞机腾空而起，灵巧地向东飞去。他们利用下午偏西的阳光作掩护，由高空偷袭下去，打得敌机措手不及，时间不长，他们就完胜归营。

过了几天，修理厂连夜加班，又改装了17架霍克-3式飞机，大家非常高兴，个个跃跃欲试，盼望有机会用新的霍克-3式和日本人的飞机比试比试。

这一天终于来到了。10月12日上午9点40分，空袭警报响了，情报报告说："敌机数批，已经飞过了江阴，直扑南京而来！"

高志航看了情报后，从容地戴上飞行帽，向战友们挥挥手，笑着跟大家说："今天来的都是九六式驱逐机，大家可以来个飞靶射击比赛!”

有的队员问:“大队长怎么知道来的是驱逐机啊?”

“敌人的轰炸机不会沿长江一下子就到了江阴,只有从海上航空母舰上起飞的九六式驱逐机才会那么快。”高志航一面快步走着一面向大家解释。“今天要看看大家的真功夫了!善者不来,来者不善,我们要让鬼子尝尝新霍克的厉害!”

在警报声中,队员们驾着新霍克飞机升上了天空。果然不出高志航所料,这天来的三批敌机全部是九六式战斗机。日本海军航空队知道南京有中国空军驱逐机,而且轻而易举就把他们的两架侦察机消灭了,非常生气。怀着报复的心理,这次派了三批飞机,准备一举将中国空军的战斗力量消灭于空中。当敌机飞到栖霞山上空时,高志航带领 21 架霍克-3 式飞机猛然从上空俯冲下来,于是,敌我双方四五十架飞机在空中缠斗起来。敌机越来越多,在高空担任掩护的一批飞机也加入进来,高志航带领大家以寡击众,越战越猛。敌机看到一架战机上下翻滚,技艺超群,料定是高志航大队长,遂集合了 6 架飞机围攻。高志航见状不急不躁,从容应付,左右开弓,和敌机打得难解难分。6 架敌机始终占不了上风,反而不时被高志航咬住尾巴扫射。半个小时打下来,敌机弹尽油绝，四散溃逃。最后一架被高志航缠住不放，一排子弹打过去，敌机应声而落。而这时臂伤刚愈的高志航已筋疲力尽，油也不足以飞回南京，只好就近在句容机场降落。疲惫的高志航被送进医院，休息了几天才恢复过来。

经过两个多月的作战，中国空军的 300 余架作战飞机已消耗大部。到 10 月 22 日止，仅剩 81 架，其中还有不少是受创待修的。而日本陆、海军航空队却不断获得补充新的飞机。10 月 26 日，侵沪日军向在大场镇的中国守军发动总攻时，竟动用了约 150 架飞机对中国军队阵地进行狂轰滥炸，使中国军队官兵蒙受巨大损伤。此时，中国空军却心有余而力不足，无法突破敌军的空中防线前来助战。11 月 12 日，上海陷落，中国守军全面向西退却，日军乘势进逼南京，作战形势非常严峻。

正在战争的紧急时刻，中国从苏联购入的驱逐机、轰炸机、侦察机及其他军备物资陆续运往中国。高志航奉命带队到西北接收苏联驱逐机。事属机密，谁也不能为他们送行，高志航也仅给家中留下了受伤时的 1 万元慰问金和一句话："好好地留着用吧！"谁能想到，这竟然是高志航给妻子的遗言。

高志航带队来到兰州，驱车直奔机场，看到一排崭新的苏联制造飞机在阳光下闪闪发亮，队员们高兴极了。

И－15 式驱逐机

他们扑向飞机，用滚烫的手摸遍了飞机的每一个部分。这是 И－15、И－16 式两种驱逐机，大脑袋、小身子、短翅膀，性能比日本的九五、九六式还要好。И－15 式是双翼，被称为“黄莺”。И－16 式是单翼，绰号为“飞燕”。都是人们喜爱的小鸟名字。以前高志航每次和日本九五、九六式对阵，都很羡慕日本的飞机，现在我们有了更好的飞机了，他按捺不住激动的心情，详细了解了飞机的性能后，迫不及待地跳进座舱，飞上了天。苏联飞行教官着急但又无可奈何地耸耸肩，因为他知道这种飞机战斗性能优越，但也很难驾驭，机头拉高了会失速掉下来，机头拉少了又起不来，因而苏联方面要求一定要待中国飞行员试飞合格后才能放单飞。因而他十分担心地紧盯着飞在空中的中国驱逐司令。

高志航在空中先是做各种平飞，而后做各种特技飞行，上下左右行若游龙，看得苏联飞行员不断地喊：“乌拉！乌拉！”

中国的特殊情况训练出了特殊的飞行人才，高志航带领的这群抗日勇士很快就掌握了苏联驱逐机的性能，驯服了这种带有野性的新坐骑。大家信心百倍盼望着早日飞到前线，为保卫南京，保卫祖国再立新功。

小贴士

И－15 式驱逐机：中国 1937 年秋起从苏联引进的双翼飞机，由波里卡波夫设计。开始引进的为 2 型机，1939 年后又引进 3 型机，性能有所改进。2 型机翼展 10.2 米，机长 6.27 米，最高时速 364 公里(3 型为 443 公里)。2 型的最大航程 750 公里(3 型为 695 公里)。从外观上区别，2 型上翼是平的，3 型上翼呈海鸥型。装 7.62 毫米机枪 4 挺。参加过武汉、重庆等地空战。

可是，西北特有的大风不停地刮，沙尘蔽日，飞机不能起飞。高志航焦急地望着恶魔一般的天空，挑战性地做出了单机试航的决定。

苏联飞行员极力劝阻，而他的部下却都默默地看着高志航。他们知道，高司令要做的事情，一旦决定，一定会成为现实，任何人都不可能阻止。他们眼看着高志航冒着风沙跳入座舱，驾机而飞，心里在为他祈祷：愿高司令在这条陌生的航路上，能把准航向，平安越过"伸手可摘星星"的六盘山，顺利抵达西安！

小贴士

И－16 **式驱逐机**：中国 1937 年 9 月起从苏联引进的单翼驱逐机，由波里卡波夫设计。11 月 21 日高志航就在周家口机场发动该式飞机准备起飞对日作战时牺牲。该机翼展 9 米，机长 599 米，最高时速 440 公里，最大航程 800 公里。装有 7.62 毫米机枪 4 挺。参加过南京、武汉、南昌、重庆等地空战。

И－16 式驱逐机

高志航的勇敢无畏战胜了风沙，傍晚时分，西安来了消息，高司令安全着地。第二天，在更大的风沙中，高志航又安全返回兰州机场。在苏联飞行员连声叫好中，第四大队飞行员们把司令抬了起来。

但是，高志航试飞成功后，大编队试飞却没有成功。大风和铺天盖地的沙尘把飞机的编队打散，15 只大雁在一片混沌中损失了 6 只，其他的迫降在安康。

高志航本来就对失去 6 架飞机而痛心疾首。这时，又听到上海失守的消息，他更加心急如焚，再也待不住了。他本来想由兰州起飞后，越过六盘山，在西安落地加油，而后通过洛阳直飞周家口，在周家口加满油即飞南京。这样当天即可升空作战。但上级否定了他的计划，严令他到西安加油后在洛阳落地加油，然后飞周家口过夜，次日返南京。他思忖再三，决定次日早晨由兰州率队直飞南京，这样也可以及时参加战斗。可是，他的这个设想也被时任航空委员会主任的周至柔否决。军人以服从命令为天职，高志航只得按航空委员会的指令从周家口飞南京。

经历了千难万险，14 架飞机飞到了周家口，按照上级命令在这儿过夜，次日晨飞南京。这一夜，高志航和队员们辗转反侧，不能入睡，他们真恨不得立即飞回南京的天空和日本人大干一场。

可是，第二天一早，队员们正在准备起飞，不料南京来了急电："南京大雨，天气恶劣，切勿起飞！"队员们一个个屏声静气，看着高志航，不知他将怎样暴跳如雷。没想到，高志航挺直了腰板矗立着，像风化了一般，长时间默默无语。

高志航尽管胸中翻江倒海，也没有表现出来。他静静地等待着，等待着属于自己的辉煌而壮烈时刻的到来。

11 月 21 日，可以起飞的命令来了！队员们个个神勇无比，大步奔向机场。突然，指挥楼里匆匆跑出一个人来，大声呼叫：“高司令！有警报！有警报！”喊声未落，空中已经传来嗡嗡的飞机声，敌机已来到机场上空。这是日本海军木更津航空队的10架九六式陆上攻击机。高志航一边疾步跳入座舱，一边大声命令道：“快！发动飞机起飞！”他的喊声被天上隆隆的飞机声淹没，但队员们看到司令已经上了飞机，也迅速登机。这时候又听到喊声：“大队长，来不及了！敌机在扔炸弹了！高司令快下来！”高志航大怒：“这是打仗，再废话枪毙你！”他继续发动飞机，军械师冯干卿也冒死跑上去攀住螺旋桨，为高志航盘车，地勤人员于觉生站在机翼下为他加油。可是，这时候的飞机像和高志航做对似的，就是发动不起来。他对冯干卿说：“咱们再试一次，你快扳螺旋桨！”谁知飞机还是发动不起来。而空中一片嘶嘶嘶声越来越近，这是炸弹离开飞机坠落的声音，军械师一看，大声喊了起来：“大队长，飞机投弹了，快下去吧！”“你们快走！”他一把把军械师推出老远，再次发动飞机。然而，飞机仍然一动不动，而敌人的几十颗炸弹已经对准跑道落下，机场立即冒起了扑鼻的硝烟和尘土，整个机场都被一片火舌浓烟所笼罩。高志航被震摔在左机翼后边，身上燃起了大火。几个地勤人员跑过来抢救，但是已无力回天。高志航，这个在世界上只生活了30个春秋，总是在压抑、奋起、挑战、斗争中生活的中国空军战神，就这样牺牲在他无限热爱的飞机旁，牺牲在他未及升空的机场上。

位于南京航空烈士公墓的高志航墓碑

在他的队友们看来，天就要塌了，地就要陷了！

在他的队友们看来，大队长悲壮、璀璨，与日月同辉！

对于有着强烈的民族自尊心和爱国热忱的高志航来说，壮志未酬身先死，这是他最大的不幸！

对于中国空军来讲，在最需要英雄和领军人才的时候，高志航的牺牲，是中国空军的最大损失！以至于蒋介石发出了这样的心声："宁失百机，勿失高志航！"

在中国抗日战争初期，年轻的中国空军官兵，在总体

高志航之子高耀汉在吉林通化向高志航纪念墓献花

上处于明显弱势的条件下，怀着报仇雪耻的爱国热情，不畏强敌，与敌人浴血奋战，使日本侵略者损失飞机百余架，击毙、俘虏日本飞行员共100多人，取得极大的成绩。作为中国空军主力的第四大队的大队长，高志航的示范和指挥起了很大的作用。因此，他的牺牲在空军、在全中国都产生了重大影响。为了彰显他的爱国精神和英勇顽强的战斗精神，进一步激励中国空军健儿，国民政府在汉口商务会大礼堂举行了隆重的高志航追悼会，军事委员会委员长蒋介石亲自主持，并敬献花圈致哀，上书“高志航英雄殉国，死之伟大，生之有威，永垂千古”。国民政府军委会特别追授高志航空军少将军衔。高志航是中国空军在抗日战争中牺牲的最高将领。他的名字将永远铭刻在中华民族的历史丰碑上。

中共领导人周恩来也参加了高志航的追悼会，表达了共产党人对高志航的悼念，盛赞高志航“是中华民族的英雄，为抗日牺牲的，为民族牺牲的”。这是中国共产党人对高志航的高度评价。

位于湖北宜昌的高志航塑像

追悼会结束之后，高志航之弟高铭魁和空军代表护送英烈灵柩，准备由湖北宜昌经水路送往重庆厚葬。1937 年 11 月 28 日，灵柩运抵宜昌。宜昌学生戴着白花，举着“壮志未酬身先死，长使英雄泪满襟”、“战魂犹在”的标语，送英魂最后一程。因为高志航一家信奉天主教，因此他的灵柩就停在宜昌二马路天主教堂地下室。用纱布缠好的遗体装在黑木棺木中。当时敌机轰炸频繁，宜昌码头非常混乱。出于安全考虑，高铭魁被迫将高志航的灵柩留下，迅速离开了宜昌前往重庆。

1938 年初，二马路天主教堂决定安葬高志航。宜昌神甫龚澔等人为英烈秘密举行了仪式。安葬地点即现在的宜昌市夷陵大道 181 号院内，两棵香樟树与一棵桂花树之间。由于担心日军报复开挖，没有留坟头和立碑。该地位于今宜昌三峡大学医学院内，被命名为“高志航路”。

位于宜昌的高志航路

高志航虽然牺牲了，但是他的第四大队没有被消灭，中国空军没有被征服。中国空军的广大将士继承高志航的遗志，继续战斗，为中国抗日战争的最后胜利做出重要贡献。

1993 年 7 月 18 日，张学良为高志航题词：“东北飞鹰、空军战魂”。

2002 年 8 月 14 日，“八一四”空战大捷 65 周年纪念日，高志航烈士纪念馆（高志航故居）在中国人民解放军空军、通化市政府、北京航空联谊会等单位主持下开幕。

由台湾中影公司改编拍摄的《笕桥英烈传》，就是以高志航故事为主轴的著名抗日战争电影之一。而大陆方面，华谊兄弟影视有限公司也于 2011 年拍摄了电视剧

高志航纪念馆

《远去的飞鹰》，讲述了民族空军英雄高志航带领中国空军将士英勇抗日的传奇故事。

高志航纪念邮票

2012 年，由高希希指导、江奇涛编剧、世纪长龙影视公司出品的电视剧《血战长空》中，邵兵出演剧中主角高云天，就是以高志航为原型的故事，反映了中国空军连续挫败日本航空队妄图消灭中国空军主力的阴谋，讴歌了中国空军在抗战时期的英勇抗战精神。

2009 年 9 月，南京抗日航空烈士纪念馆落成。馆内展出了高志航的抗战事迹，广场上陈列了高志航的铜像和他驾驶的战机仿制模型。

2014 年 9 月，国家民政部公布的第一批共 300 名著名抗战英烈名单，高志航位列其中，这是对高志航等抗战英烈的最高褒扬。

2015 年是中国抗日战争和世界反法西斯战争胜利 70 周年，中央和各地推出许多影视片，其中有不少展示了高志航等抗日航空英烈的动人事迹。南京电视台的《战鹰》也是其中之一。

参考书目

1. 吴东权著:《高志航传》,台湾希代书版有限公司1993年7月版。

2. 姜长英著:《中国航空史》,台湾中国之翼出版社1993年12月版。

3. 龚业悌著:《抗战飞行日记》,长江文艺出版社2011年5月版。

4. 许希麟、刘文孝著:《刘粹刚传》,台湾中国之翼出版社1993年3月版。

5. 日本防卫厅防卫研修所战史室编:《中国方面海军作战(1)》,日本朝云新闻社1974年版。

6. 南京市政协文史资料委员会编:《蓝天碧血扬国威—中国空军抗战史料》,中国文史出版社出版1990年9月版。

7. 王苏红、王玉彬著:《中国大空战》,绿洲出版公司昆仑出版社1988年5月版。

8. 马毓福编著:《中国军事航空》,航空工业出版社1994年版。

9. 刘永尚著:《中央陆军军官学校航空班杨鸿鼎将军口述历史》,台湾史政编译室 2004 年出版(非卖品)。

10. 陈应明著:《抗日战争时期 1937—1945 中国空军飞机》,台湾中国之翼出版社 1991 年 6 月版。